Capri

W0108220

Barbara Schaefer

Inhalt

Benv

So fängt es an: Man steht an der Reling eines Fährschiffes (oder drückt sich am Fenster eines Schnellbootes die Nase platt) und Capri wird größer und größer. Aus der fernen silbrigen Silhouette wird beim Näherkommen ein Berg im Meer, rau und senkrecht ragen seine Felswände in den Himmel. Nicht lange, und man entdeckt liebliche Linien und grüne Flächen am Fuß der schroffen

enuti!

Wände. Bald schon unterscheidet man die Häuser des Ortes Capri, die als weiße Quader wie über den sanften Inselrücken hingewürfelt aussehen, sieht die bunten Häuserfassaden an der Küste und fährt schließlich in den quirligen Hafen von Marina Grande ein, der seine Molenmauern ausbreitet und Besucher empfängt als wollte er sagen: Willkommen auf Capri!

Capri
"Kaiserinsel im Mittelmeer"

Capri ist die All-in-one-Lösung auf kleinstem Raum. Nur gut 10 km² misst die Felseninsel im Mittelmeer, und doch können die unterschiedlichsten Ferienbedürfnisse befriedigt werden. Man kann zu einsamen Spaziergängen durch Wein- und Olivenhaine aufbrechen oder in den Altstadtgassen ein Bad in der Menge nehmen. In stillen Buchten sieht man einzelne Ruhesuchende, die auf einer Felsklippe ihr Handtuch ausbreiten, andere zieht es eher in die noblen Badeanlagen von Marina Piccola, dort bezahlt man zwar für den Liegestuhl, aber dafür servieren Kellner Cocktails am Pool. Nur wer große Discos und lange Sandstrände sucht, ist auf dem italienischen Festland besser aufgehoben als hier. Sportlichere Spaziergänger werden vielleicht einmal den Monte Solaro erklimmen – doch Bergsteiger muss man nicht sein, um die endlose Aussicht übers Meer und die italienische Küste zu genießen, eine Seilbahn bringt Fußfaule hinauf. Der ein oder andere wird sich mit einem Bummel über die Flaniermeile Via Camerelle in Capri begnügen. Auch dort gibt es viel zu sehen: alle großen italienischen Modedesigner haben hier ihre Boutiquen, und nicht zu vergessen, auch das Gesehenwerden spielt eine große Rolle.

Am schönsten auf Capri ist das ständige Auf und Ab. Wer's gemütlich mag, fährt mit der Funicolare, der Standseilbahn, vom Hafen direkt ins Herz von Capri-Stadt. Drei Schritte von der Station entfernt steht man schon auf der Piazza Umberto I., allgemein nur Piazzetta genannt. Das ›Plätzchen‹ ist aber auch bezaubernd schön, zu jeder Tageszeit. Vom etwas vorgelagerten Teil sieht man den Hafen, sieht die Schiffe anlegen und abfahren, und oft reicht der Blick bis nach Ischia und Neapel. Die Piazzetta selbst wird umrahmt von der großen kuppelbekrönten Kirche Santo Stefano und zart bemalten zweigeschossigen Häusern. Hier trifft sich alles: Gruppen, die schnell weiterziehen (müssen), weil sie sonst den Weg blockieren, Einheimische, die zum Einkaufen gehen, Urlauber und Capresen, die stundenlang in den vier Straßencafés sitzen und dem Treiben zuschauen. Hat man genug gesehen, geht man durch die steilen Gassen zurück zur Marina Grande oder auf die andere Seite der Insel, zur Marina Piccola.

Willkommen auf Capri!

Vorbei an der großen Kartause führt der Weg schnurstracks zur serpentinenreichen Via Krupp, die sich abenteuerlich an den Fels schmiegt und nach jahrelangen Renovierungsarbeiten endlich wieder geöffnet ist. In Marina Piccola angelangt, fühlt man sich in die 50er Jahre des 20. Jh. zurückversetzt, als Capri ein beliebtes Badeziel war. Vielleicht stellt sich dieses Gefühl auch hauptsächlich durch einen der großen Pools ein: Er hat so eine hübsche Nierentischchenform.

Zurück in Capri-Stadt wählt man – wenn nicht den Bus, der alle Nase lang fährt – die Via Mulo, steil führt sie wieder bergauf. Wer es noch steiler mag und feste Schuhe dabeihat, wird hier weiter aufsteigen, auf dem Passatiello. Unbezwingbar erscheint die senkrechte Felswand, die sich über Capri zum Monte Solaro aufschwingt, und doch führt ein Weg hinauf, früher der einzige Verbindungsweg zwischen Capri und Anacapri.

Wie eines der unzähligen Boote, die in der Meeresstraße zwischen der Insel und dem Festland ihre weißen Segel leuchten

lassen, kreuzt der Spaziergänger auf seinen Wegen über die Insel. Hat man das Gemeindegebiet von Capri ausgiebig durchstreift, sollte man die andere Hälfte der Insel, den Ort Anacapri besuchen. Wer ohnehin hier logiert, wird es zu schätzen wissen, dass man die Ruhe gebucht hat, vorausgesetzt, man meidet das direkte Umfeld der Villa San Michele und der Blauen Grotte, den beiden Hauptattraktionen der Insel. Wer durch den alten, hübsch renovierten Ortsteil Le Boffe streift, wird kaum Besucher und nicht einmal viele Einheimische antreffen. Seltsam verlassen erscheint so mancher Winkel, eine Katze mag im Schatten dösen, zwischen den blendend weißen, kubischen Häusern fühlt man sich nach Griechenland versetzt.

Das ist nicht ganz zufällig, schließlich gehörten tatsächlich Griechen zu den ersten Siedlern auf Capri. Bis heute ist nicht ganz geklärt, woher der Name der Insel kommt. Kommt er vom griechischen *kapros*, also Wildschwein, denn die gab es hier einmal zahlreich? Oder leitet sich der Name vom lateinischen *caprae*, Ziege,

An der Marina Grande beginnt jeder Capri-Urlaub

ab? Sicher ist nur, mit Kapern hat die Namensgebung rein gar nichts zu tun, auch wenn diese zahlreich auf den Trockenmäuerchen wachsen. In Salz eingelegt, und nicht in Lake, sind sie eine köstliche Spezialität der süditalienischen Küche. Diese findet man in Reinform auch auf Capri, natürlich mit haufenweise Nudeln und Fisch. So viel frischen Fisch, wie man hier nach wie vor angeboten bekommt, wird man im übrigen Italien suchen müssen.

Viele Berühmtheiten haben auf Capri gelebt, der berühmteste schon vor fast 2000 Jahren: Kaiser Tiberius regierte die Welt von der kleinen Mittelmeerinsel – jedenfalls das, was damals in unseren Breitengraden als ›die Welt‹ bekannt war, nämlich das Römische Reich. Tiberius' Vorgänger und Adoptiv-Vater Augustus hatte Capri von Neapel gegen das viel größere Ischia eingetauscht, Tiberius selbst verließ mit 67 Jahren Rom und zog auf die Insel. Zwölf herrschaftliche Villen soll er sein eigen genannt haben, die Reste von dreien kann man bis heute be-

sichtigen; die Touren zählen zu den schönsten Spaziergängen überhaupt. Ein besonders gefühlsduseliger Mann soll Tiberius ja nicht gewesen sein, auch wenn die sadistischen Greueltaten, die die Geschichtsschreiber übermitteln, wohl eher ins Reich der Legenden gehören; die Plätze jedenfalls, die Tiberius für seine Gemächer aussuchte, sind an Schönheit kaum zu übertreffen. Atemberaubend steil fällt der Nordzipfel der Ostküste ins Meer: Hier stand die Villa Jovis, von hier hat man den besten Blick auf das Festland, was bestimmt sicherheitstechnische und keine romantischen Gründe hatte. Am anderen Ende der Insel, unweit der Blauen Grotte, liegt nicht minder idyllisch die Villa Damecuta oder das, was nach Erdbeben, Vulkanausbrüchen und Plünderungen davon blieb. Ein ähnliches Schicksal erfuhr der Palazzo a Mare, doch in den Ruinen hat sich ein gutes Fischlokal eingenistet, es heißt sinnigerweise Bagno di Tiberio.

Im 19. Jh. konnte es sich fast kein Bildungsreisender leisten,

8

Capri auf der Grand Tour durch Italien auszulassen. Für Romantiker gab es ohnehin kein passenderes Ziel: Der Suche nach der imaginären Blauen Blume kommt eine reale Reise zur Blauen Grotte durchaus entgegen. Schon immer hat Capri Freigeister und Andersdenkende angezogen, darunter manche, die ihre Heimat nicht ganz freiwillig verließen. So etwa Graf Jacques Comte d' Adelswaerd Fersen, der Frankreich um das Jahr 1900 wegen seiner Homosexualität verlassen musste, und der Capri eine wunderschöne Villa hinterließ. Einem Schriftsteller verdankt Capri sein sicher eigenartigstes Gebäude, die Villa Malaparte. Der italienische Schriftsteller Kurt Erich Suckert, der sich selbst Curzio Malaparte nannte, baute das futuristisch anmutende, rot gestrichene Haus auf dem Felssporn Punto di Massullo. Das berühmteste Gebäude ist aber natürlich die Villa San Michele des schwedischen Arztes Axel Munthe, die nicht zuletzt deswegen so bekannt wurde, da Munthes Auto-

biographie in fast 50 Sprachen übersetzt wurde. Zögerlichen Besuchern sei aber versichert: Die Villa ist schöner als das Buch.

So hat Capri immerhin einige Sehenswürdigkeiten zu bieten. Am schönsten aber ist die Insel selbst, kaum kann man sich entscheiden, was schöner ist: Der Blick auf die Insel, vom Boot oder vom Festland aus, oder der Blick von der Insel auf das Meer und die Küste. Auch eher hektisch veranlagte Menschen werden hier nach wenigen Tagen ruhiger. Jeden Tag ein kleiner Spaziergang zu einer Bucht, einer Villa, einem Hügel, das ist das ganze Tagesprogramm. Die restlichen Stunden sitzt man in Straßencafés auf der Piazzetta, in Fischrestaurants am Meer, auf Felsklippen in schwindelerregender Höhe oder auf Hotelbalkonen mit Aussicht. »*Carpe diem!*«, dem Urlauber auf der herrlichen Insel muss man das nicht noch zurufen, »Genieße den Tag!«, das ergibt sich hier von allein. Kein Wunder, daß dies der beliebteste Kalauer der Wiederholungsurlauber ist – frei nach Horaz: Capri diem!

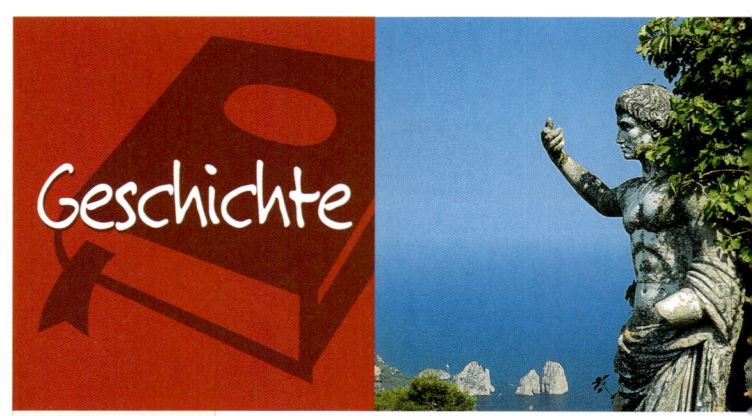

Ein Capri-Fan: Kaiser Tiberius

3500 v. Chr.	Funde aus der mittleren Jungsteinzeit belegen die frühe Besiedlung der Insel.
770 v. Chr.	Griechen aus Euböa besiedeln Italien, das Mittelmeer wird eine rege Handelszone, auch auf Capri lassen sich Griechen nieder.
5 Jh. v. Chr.	Bau der sogenannten phönizischen Treppe (Scala Fenicia) zwischen Marina Grande und Anacapri.
420 v. Chr.	Ischia und Capri gehören zum griechischen Neapolis (später: Napoli/Neapel).
328 v. Chr.	Capri wird Teil des Römischen Reichs, bleibt aber weiterhin unter der Schirmherrschaft von Neapel.
29 v. Chr.	Kaiser Augustus hält sich auf Capri auf, er fordert von Neapel die Insel im Tausch gegen Ischia.
26. n. Chr.	Tiberius, der Nachfolger von Augustus, zieht von Rom nach Capri und regiert das Römische Reich zehn Jahre lang von der Insel aus.
37 n. Chr.	Tiberius stirbt, Capri wird Verbannungsort.
800–1000	Sarazenenüberfälle verwüsten die Insel.
987	Capri wird Bischofsitz.
11./12. Jh.	Die Langobarden herrschen im Golf von Neapel.
1137	Das Herzogtum Neapel, und mit ihm Capri, wird Teil des süditalienischen Normannenreichs.

1194	Die Hohenstaufer herrschen in Süditalien. Kaiser Friedrich beschert der Region eine Blütezeit.
1230	Friedrich II. gibt Capri dem Grafen Eliseo Arcucci zum Lehen.
1266	Das Anjou-Geschlecht kommt an die Macht.
1441	Alfons von Aragon, König von Neapel, erobert Capri.
1516	Kaiser Karl V. ist Herrscher über das Königreich Neapel.
16. Jh.	Erneute Sarazenenüberfälle, Khair-ed-Din, genannt Barbarossa, überrollt Capri und schleift die Burg von Anacapri, heute Castello Barbarossa genannt.
1656	Schwere Pestepidemie.
18. Jh.	Die Bourbonen herrschen im Königreich Neapel.
1806	Capri wird von den Engländern besetzt, die 1808 erneut von den Franzosen vertrieben werden.
1815	Napoleon wird besiegt, Capri Teil des Königreichs beider Sizilien.
1826	August Kopisch auf Capri – der schlesische Dichter und Maler entdeckt die Blaue Grotte wieder.
1860/61	Das Königreich Neapel kommt mit Capri zum vereinten Italien.
1950	Die Funicolare, die Standseilbahn von Marina Grande nach Capri, wird eröffnet.
1956	Bau des Sessellifts auf den Monte Solaro.
1978	Bau der submarinen Wasserleitung zwischen Capri und dem italienischen Festland.
1982/1988	Auf Capri wird Campen verboten. Es wird verboten, in Badekleidung Bus zu fahren.
1998	Die Scala Fenicia wird nach Renovierung eröffnet.
2001	Der neue Kulturpreis Premio Faraglioni wird im Juli 2001 im Hotel Quisisana an den Kinofilmproduzenten Dino de Laurentiis verliehen.

Fußgänger frei

Autofahren: ... auf Capri praktisch tabu. Es gibt nur wenige Straßen, die meisten sind für Autos gesperrt.

Baden: Leider werden Capris Küsten in den letzten Jahren oft von kleinen Feuerquallen heimgesucht. An der Südküste, sprich Marina Piccola, soll es schlimmer sein als im Norden. Einheimische behaupten, am Küstenabschnitt des Bagno di Tiberio gebe es überhaupt keine. Der einzige Ausweg, will man den brennenden Flecken entgehen: Swimmingpools. Die größeren Badeanlagen am Meer haben meist ohnehin einen Pool.

Briefmarken: Gibt es bei der Post oder in den kleinen Tabakläden *(tabacchi)*.

Einkaufen: In der Via Camerelle folgt eine Nobel-Boutique auf die andere, wer schicke Designerkleidung sucht, ist hier an der richtigen Adresse. Außerdem gibt es auf Capri noch eine ganze Menge Schneider, die Maßgefertigtes fabrizieren. Natürlich ist das nicht billig, aber was ist auf Capri schon billig...

Essen gehen: Die Küchen haben meist von 12.30 bis 14.30 Uhr und 20.30 bis 22 Uhr geöffnet, im Hochsommer abends sehr viel länger. In Italien steuert man nicht einfach auf einen Tisch zu, sondern wartet am Eingang, bis der Kellner die Gäste an ihren Platz führt. Ohnehin empfiehlt sich gerade bei den feinen Adressen eine telefonische Platzreservierung. Die süditalienischen Gastronomen gewöhnen sich kaum an deutsche Essenssitten – wer nur *pasta* bestellt, wird zwar bedient, aber bleibt ein Exot: Italiener essen praktisch immer mindestens drei Gänge, und Nudeln gelten als Zwischengang. Für Italien-Neulinge: *pane e coperto* bedeutet Brot und Gedeck, es kostet auf Capri bis zu 4 € und wird automatisch berechnet. In der Hochsaison im Juli und August haben viele Gaststätten keinen Ruhetag.

Kleidung: An der Kleidung erkennt man auf Capri Ausländer sofort. Italienerinnen stöckeln selbst bei August-Hitze noch adrett gekleidet übers Altstadt-Pflaster, und die italienischen Herren der Schöpfung treten ebenfalls gut gekleidet auf – doch der deutschsprachige oder amerikanische Urlauber trägt Sandalen, Shorts und Shirts, unisex und unisono. Unangenehm ist es, wenn sich Urlauber nahezu unbekleidet in die vollen Busse zwängen: Da klebt man dann in der Sommerhitze am Nachbarn – und wünscht sich so sehr ein Stückchen Stoff dazwischen.

Schuhe: Für den abendlichen kurzen Weg zum Restaurant können die Damen ein paar Pumps einpacken – tagsüber wird man daran keine Freude haben. Die Gassen von Capri sind steil, die von Anacapri holprig gepflastert, und eh man sich's versieht, läuft man Stunde um Stunde auf- und abwärts. Ein paar flache Sandalen sind da eine Wohltat – gibt es vor Ort in reicher Auswahl ›fertig‹ zu kaufen. Noch ungewöhnlicher: Man lässt sie sich von einem der Schuster in Capri oder Anacapri maßanfertigen.

Sicherheit: Die Zeiten, als Italien gleichbedeutend war mit Autoklau und Handtaschendiebstahl sind vorbei, jedenfalls in Oberitalien. Süditalien ist dagegen immer noch ein heißes Pflaster – nicht so Capri, und das ist einer der Gründe, warum viele Italienerinnen und Italiener so gerne hierher fahren. Die Insel scheint eine kriminalitätsfreie Zone zu sein. Da kann man ungeniert teuren Schmuck tragen, und in Ermangelung von gutausgebauten Straßen gibt es auch keinen Handtaschenklau vom Motorrad aus. Allerdings: Wie überall auf der Welt gibt es im Gedränge Taschendiebe.

Sonnenbaden: Auf Capri weht fast immer eine angenehme Brise. Da wundert man sich dann nachts im Hotelbett, wenn man glüht wie ein Kachelofen. Capri liegt im tiefen Süditalien – Sonnenschutzmittel nicht vergessen!

Sparen: Nicht hinfahren. Capri ist leider teuer, von den Übernachtungen angefangen über die Restaurants bis zum Taxi. Für Low Budget Reisende: Busfahren, zu Fuß gehen, und statt Restaurants Lebensmittelgeschäfte ansteuern. Auch da gibt es leckere und frische Sachen, natürlich viel billiger.

Tagestourismus: Tagsüber fallen Touristen auf Capri ein wie biblische Plagen, die Gässchen der Altstadt sind nahezu verstopft. Wer es sich irgendwie leisten kann – zeitlich und/oder finanziell – sollte wenigstens eine Nacht auf der Insel bleiben. Wenn die letzte Fähre abgefahren ist, sitzt es sich unvergleichlich schöner auf den Plätzen und in den Restaurants.

Trinken: Ein beliebter Scherz unter Capris Kellnern: »Nehmen Sie noch eine Flasche Wein? Oder müssen Sie fahren?« Meist läuft das auf eine Bestellung hinaus, denn fahren muss auf Capri natürlich niemand.

Trinkgeld: Wenn das Essen gut war und der Service zuvorkommend, dann sind Italiener großzügig – warum sollten Urlauber da zurückstecken? 10% sind meist angemessen – außer wenn auf der Rechnung bereits, nicht unüblich, ein gesonderter Betrag für *servizio* ausgewiesen wird. Dann lässt man, so eigenartig es einem vorkommen mag, nichts mehr liegen.

Feste & Unterhaltung

Im Sommer vergeht auf Capri keine Woche, in der nicht ein Fest gefeiert wird. Den Anlass erfährt man als Besucher nicht immer, aber auf der Piazzetta in Capri-Stadt beginnt dann im Laufe des Vormittags ein eifriges Werkeln, bald erkennt man: Eine Bühne wird aufgebaut. Da die Arbeiter das so häufig machen, haben sie ein großes Geschick entwickelt. Ruck, zuck steht das Gestänge, Zweige werden daran festgebunden, Lautsprecher installiert, und abends geht es dann los. Mal spielt eine Militärkapelle, mal eine Band der Carabinieri, oft kommen Kapellen vom Festland. Hübsch wird es, wenn Mandolinenorchester aus Sorrent oder Neapel neapolitanische Volksweisen spielen.

Übers Jahr verteilt gibt es zudem eine ganze Menge kirchlicher Feste und Feiertage, die im noch immer stark religiösen Süden Italiens mit großer Inbrunst begangen werden. Man sollte sich als Besucher bei Prozessionen also etwas dezent verhalten.

Fast jedes Fest dient als willkommene Gelegenheit, zum krönenden Abschluss ein Feuerwerk zu zünden, – ein ganz besonders schönes Spektakel, wenn sich die explodierenden Lichter über den Golf von Neapel erheben und sich im schwarzen Meer spiegeln.

Feiertage

1. Januar: *capo d'anno* (Neujahr)
6. Januar: *epifania* (Dreikönigstag)
März: *pasqua* (Ostersonntag)
25. April: *liberazione* (Tag der Befreiung vom Faschismus)
1. Mai: *festa del lavoro* (Tag der Arbeit)
15. August: *ferragosto* (Mariä Himmelfahrt)
1. November: *ogni santi* (Allerheiligen)
8. Dezember: *immacolata concezione* (Mariä Empfängnis)
25. Dezember: *natale* (Weihnachten)
26. Dezember: Santo Stefano (Hl. Stefanstag)

Feste

Mai

14. Mai: Festa del San Costanzo. Der Legende nach soll im 8. Jh. der Leichnam des Hl. Constantinus un-

Einen Anlass zum Feiern gibt's immer: Feiern Sie mit!

versehrt an die Gestade von Capri angeschwemmt worden sein. Traditionell wird am 14. Mai eine Prozession mit den Reliquien des Heiligen veranstaltet, sie beginnt um 17.30 Uhr, führt erst durch Capri, dann hinunter nach Marina Grande zur ehemaligen Bischofskirche San Costanzo. Einige Tage später wird die silberne Büste mit den Reliquien dann in einer weitere Prozession in die Kirche Santo Stefano nach Capri zurückgebracht.

Letzte Maiwoche: Sailing-Cup-Regatta. Eine der größten Segelregatten des Mittelmeers.

Juni

Concerti all'imbrunire (Konzerte zur Dämmerung) ist ein Musikfestival unter freiem Himmel im Giardino della Flora Caprese, das an unregelmäßigen Terminen (zwischen Juni und September) veranstaltet wird. Es gibt klassische Musik aber auch neapolitanische Lieder (Auskunft beim Fremdenverkehrsamt).

13. Juni: Anacapri feiert seinen Schutzheiligen, Sant'Antonio. Verkaufsstände, Straßenmusikanten, Folkloredarbietungen und Markt auf der Piazza Diaz.

August

15. August: Wallfahrt von Anacapri zur Kapelle Santa Maria a Cetrella, einer Einsiedelei, die etwas unterhalb des Gipfels auf dem Monte Solaro steht.

September

7./8. September: Volksfest vor der Kapelle Santa Maria a Cetrella beim Monte Solaro.

Erster Septembersonntag: Madonna della Libertà. Feiertag zu Ehren der Schutzpatronin der Seeleute, veranstaltet wird eine kleine Prozession von der Kirche San Costanzo zur Votivkapelle im Largo Fontana, der ebenfalls im Ortsteil Marina Grande liegt. Abends Feuerwerk.

Erstes September-Wochenende: Santa Maria del Soccorso, ein volkstümliches Fest auf dem Monte Tiberio, hinter der Villa Jovis gelegen.

Während des Sommers gibt es auch in Anacapri zahlreiche Freilichtkonzerte, zum Beispiel im Park der Villa San Michele, Informationen beim Fremdenverkehrsamt (s. S. 24).

Der »einzig wahre« Limoncello

Die gute Nachricht: Capri hat sich von den Touristenmassen die Küche nicht verderben lassen – sieht man von der Fressgasse an der Marina Grande und in der Via Axel Munthe ab. Alles schmeckt frisch, wird hervorragend und ohne Zugeständnisse an den deutschen oder amerikanischen Geschmack zubereitet und mit Charme serviert.

Die schlechte Nachricht: Vor allem im Ort Capri ist Essengehen schlicht teuer. Für das Gedeck (pane e coperto) zahlt man schon bis zu 4 €, dazu bis zu 12 % für Service, da kommt man schon bei einer Pizza mit Salat und Bier auf 15 €.

Preiskategorien
… für ein Menü inkl. ein Getränk pro Person:
günstig: bis 20 €
moderat: 20–40 €
teuer: ab 40 €

Um den Geldbeutel etwas zu schonen, kann man sich mittags in einem Lebensmittelgeschäft ein Panino alla caprese richten lassen, ein Brötchen mit Tomaten, Mozzarella und Basilikum. Dann hat man abends auch genügend Hunger für all die Leckereien.

Capresische Köstlichkeiten

Das bekannteste Gericht überhaupt ist die Insalata caprese, eine Vorspeise aus Tomaten, Mozzarella und Basilikum, überträufelt mit feinstem Olivenöl. Eine weitere, beliebte Vorspeise ist der Meeresfrüchtesalat. Genau richtig ist er, wenn er lauwarm serviert wird. Knackfrische Salate schmecken natürlich gerade bei heißen Temperaturen sehr gut; außer der beliebten Rucola gibt es noch Rughetta, die schmeckt ähnlich, ist nur noch würziger.

Süditalien ist die Heimat der Pasta, aus der Region um Amalfi gibt es zahlreiche historische Fotos, die ganze Straßenzüge mit Trockengestellen zeigen, auf denen die Teigwaren getrocknet wurden. Das bekannteste Nudelgericht von Capri sind Ravioli alla caprese, große, hausgemachte Ravioli, gefüllt mit Cacciotta, einer Art Ricotta-Käse, Eiern und Parme-

Kleines kulinarisches Lexikon

acciughe	Sardellen
aceto	Essig
acqua gassata	Mineralwasser mit Kohlensäure
aglio	Knoblauch
agnello	Lamm
albicocca	Aprikose
alborella (agola, aola)	Sardinen, meist frittiert
anguila	Aal
anguria	Wassermelone
bieta	Mangold
bistecca	Schnitzel, Steak
bottiglia	Flasche
bucatini	Spaghetti-Art
budino	Pudding
caciotta	Frischkäse
caffè	Espresso
calamari	Tintenfische
capperi	Kapern
carciofo	Artischocke
carne	Fleisch
cassata	Eis mit kandierten Früchten
capretto	Zicklein
carpa	Karpfen
cena	Abendessen
coniglio	Kaninchen
crudo	roh
dolce	Süßspeise, Nachtisch
erbe	Kräuter
fagioli	Bohnen
fegato	Leber
ai ferri	vom Grill
fico	Feige
formaggio	Käse
frittata	Omelett
frutta	Obst
frutti di mare	Meeresfrüchte
galina	Huhn
gelato	Eis
gnocchi	Kartoffelteigklößchen
grappa	Tresterschnaps
grissini	Knabbergebäck
latte	Milch
limone	Zitrone
macedonia	Obstsalat
maiale	Schwein
manzo	Rind
melanzane	Auberginen
minestrone	Gemüsesuppe
mortadella	Fleischwurst
mozzarella	Frischkäse
noce	Nuss
olio	Öl
orata	Goldbarsch
ossobuco	Kalbshaxe
pancetta	Schweinebauch
pane	Brot
panino	Brötchen
panino alla caprese	Brötchen mit Tomaten, Mozzarella und Basilikum
panna	Sahne
parmigiano	Parmesankäse
pesce	Fisch
pezzogna	lokale Zahnbrasse
polenta	Maisbrei
ragù	Fleischsauce
riccio	Seeigel
risotto	Reisgericht
rombo	Steinbutt
sale	Salz
salmone	Lachs
salumi	Aufschnitt
tramezzino	Sandwich
trota	Forelle
tacchino	Truthahn
uva	Trauben
verdura	Gemüse
vino	Wein
vitello	Kalb
vongole	Venusmuscheln
zabaione	Eier-Wein-Dessert
zucca	Kürbis
zuppa	Suppe

Fisch in »verrücktem Wasser«

Pezzogna all'acqua pazza ist eines der bekanntesten Rezepte auf Capri, Fisch in »verrücktem Waser«: Zahnbrasse, etwa ein Kilo, ausnehmen und von innen salzen. In eine Pfanne gibt man drei reife kleine Tomaten, Petersilie, Peperoncino, eine Scheibe Zwiebel, eine Knoblauchzehe, Salz, ein Glas Wasser, ein halbes Glas Weißwein und den Fisch. Offen 20 Min. auf mittlerer Flamme köcheln.

san. Pennette Aumm Aumm sind ein Gericht aus Pasta mit Mozzarella, Tomaten und Auberginen.

Unverzichtbar die Spaghetti alle vongole, also mit Venusmuscheln. Gern gegessen werden Spaghetti Sciué Sciué mit frischen Tomaten und alla puttanesca: mit Tomaten, Knoblauch, Kapern und Oliven.

Frische Fische werden oft all'acqua pazza angeboten. Dafür werden die Fische in einer ganz dünnen Tomatensauce gekocht, meist gibt man Weißwein dazu und für die Schärfe Peperoncini. Oft präsentiert der Kellner vorher eine Auswahl verschiedener Fischarten und verschiedener Größen. Der Preis geht dann nach Gewicht. Ein Wort zum Fisch: Da man nicht oft Gelegenheit haben wird, so viele verschiedene Arten von frischem Fisch zu genießen, kann man die Gerichte der Karte meiden, die mit ›surg.‹ ausgezeichnet sind. Das bedeutet *surgelato,* der verwendete Fisch ist also tiefgefroren.

Die Torta di mandorle wird auf der Insel fast immer unter dem Namen Torta caprese oder nur Caprese angeboten. Der Mandelkuchen – mit Schokolade und weiß bestäubt mit Puderzucker – sättigt ganz ordentlich, die etwas leichtere Variante hat einen hellen Teig und wird kräftig mit Zitronen gewürzt. Im Frühsommer werden gerne Erdbeeren mit Vanilleeis als Dessert angeboten, das ganze Jahr über bekommt man frischen Obstsalat, Macedonia genannt.

Und noch etwas: Speiseeis wird in Italien nicht nur von Kindern gerne gegessen. Wenn es besonders heiß ist, wird man vielleicht eher zu Sorbets greifen, Capris Zitroneneis ist eine herrliche Köstlichkeit. Schleckermäuler werden sich aber auch im Hochsommer tiefdunkles Schokoladeneis nicht versagen, vielleicht noch gekrönt von einer Kugel Baci: Schokoladeneis mit Schokoladenstückchen und Haselnüssen. Wenn man sich diese Portion dann auch noch in einer frischgebackenen Waffel servieren lässt, dann dürfte die Durststrecke zwischen Mittagessen und Abendessen zu überwinden sein.

Was, wann, wie

Gegessen wird spät, wir sind schließlich im Mezzogiorno, in Süditalien. Hauptessenszeiten liegen zwischen 12.30 und 14.30 Uhr sowie 20.30 und 22 Uhr. Nachmittags um halb drei noch ein Menü zu bestellen, ist weniger ungewöhnlich, als um halb acht Uhr

Liebevoll zubereitet: Capresische Köstlichkeiten

abends essen zu gehen. Natürlich wird dann bis spät in die Nacht getafelt; kein Wunder also, dass das Frühstück meist nicht sehr üppig ausfällt. Letzteres finden mitteleuropäische Gäste mager: Brötchen, Marmelade und im Höchstfall etwas Wurst und Käse – ist den meisten Italienern schon zu viel. Ein Brioche und ein Espresso, im Stehen in einer Bar zu sich genommen, genügt dem Südländer völlig. (s. auch S. 12)

Trinken

Spitzenweine werden auf Capri nicht angebaut, es gibt aber einige recht gute Tropfen. Zu diesen zählen der weiße und rote Tiberio, ein DOC-Wein, das heißt, aus kontrolliertem Anbaugebiet. Wer keine großen Ansprüche stellt kann auch den offenen Tischweinen vertrauen. Insgesamt wird mehr Weißwein als Rotwein getrunken, da die Küche hauptsächlich auf Fisch spezialisiert ist. Oft findet man auch den berühmtesten Wein der Gegend auf der Karte, den Lacryma Christi del Vesuvio, ihn gibt es bianco, rossato und rosso, er kommt von den Lavahängen des Vesuv.

Nach dem Essen bekommt man oft einen Limoncello angeboten. Ein leichter, süßer Zitronenlikör, wie es ihn auch an der Amalfiküste, auf Sizilien und am Gardasee gibt.

Rein ins Vergnügen!

Baden und Strände

Capris Küstenlinie misst 17 km, doch die Küste ist felsig und zudem steil – so kommt man auf höchstens 1 km Strand, und Sandstrand gibt es überhaupt keinen. Am besten badet man also in **Marina Piccola** in den Lidos der 1950er Jahre oder an den wenigen Quadratmetern Kiesstrand dazwischen. Daneben locken noch zwei hübsche Strände bei den **Faraglioni,** ein größerer Strand neben der **Marina Grande** und noch weiter im Nordwesten bei den **Bagni di Tiberio** eine kleine Badeanlage. Kleine Terrassen, von denen aus Leitern ins Meer führen, findet man bei der Blauen Grotte, und einen idyllischen, aber im Sommer oft sehr überlaufenen Strand beim Leuchtturm im Südwesten der Insel.

Wenn man mit der Fähre über den Golf von Neapel fährt, kann einen das schiere Grausen befallen über die Verschmutzung des Meeres. Um Capri herum ist das Wasser jedoch glasklar und tiefblau bis grün. Leider scheint das aber nicht nur Schwimmer anzuziehen, sondern auch Quallen.

Alle Jahre wieder können einem die auf italienisch *meduse* genannten Tierchen das Bad im klaren Meer verleiden.

Tauchen

Verlieh von Tauchausrüstung, Auffüllen der Flaschen, Verleih von Schlauchbooten, Ausflüge: **Tauchschule Whales,** Via C. Colombo 17, Capri, Tel. 081 837 5833

Tennis

Im Sommer kann es ordentlich heiß werden auf Capri, und so hört man in der Nähe der Tennisplätze schon in aller Herrgottsfrühe das Plopp, plopp der Bälle. Den größten Tennisplatz hat das Hotel Quisisana in Capri, er liegt mitten im Ort. In Anacapri gehört der Tennisplatz zum Hotel Bellavista. Gegen Entgelt können die Plätze auch von Nichthotelgästen genutzt werden (Infos in den Hotels).

Wandern

Die Insel ist zwar klein, bietet aber viele Gelegenheit zu schönen Spaziergängen. Doch kommen dabei ganz schön viele Höhenmeter zusammen, wenn man immer wieder zum Meer hinabsteigt. **Empfehlenswerte Touren:** zu den Faraglioni (s. S. 54); die Via Krupp hinunter (s. S. 53); über die Via Mulo (G 4/5) nach Marina Piccola s. S. 48); die Via Francesco (H 3/4) zur Marina Grande (s. S. 63); die Scala Fenicia (s. S. 34) hinauf nach Anacapri (s. S. 30); auf den Monte Solaro (Extra-Tour 3, s. S. 88f.), immerhin knapp 600 m über dem Meer. Die einzige ziemlich anspruchsvolle Bergwanderung ist der **Passatiello** (s. S. 89), der alte Verbindungspfad zwischen Capri und Anacapri, der etwas unterhalb des Gipfels über den Monte Solaro führt. Für diese Tour sollte man trittsicher sein.

Wassersport

Wassersport gibt es rund um Capri in allen Ausprägungen. Angefangen von sportlichen Surfern – der Wind kann ziemlich auffrischen – bis zu großen Seglern, die sich hier hin und wieder bei berühmten Regatten messen. Ruderboote, Kajaks, Tretboote, all das gibt es zu mieten, ebenso kleine Motorboote. Auskunft an den Stränden von Marina Piccola (s. S. 50f.).

Mit Kindern unterwegs

Da es nicht sehr viele und schon gar keine Sandstrände gibt, ist Capri für einen Urlaub mit Kindern nur bedingt geeignet. Die Mutigeren springen natürlich auch gerne von den Felsen ins Wasser hinunter. Spaziergänge sind für Kinder wohl nicht so der Hit. Spaß machen den Kleinen und etwas Größeren dafür aber sicherlich die verschiedenen Bootstouren, die angeboten werden, spannend ist auch die Seilbahnfahrt auf den Monte Solaro. Für verständigere Kinder kann der Besuch der römischen Villen interessant sein, der am besten noch mit dem Ausflug nach Pompeji gekoppelt wird.

Buchtipps

Wer auf einem Spaziergang ein ruhiges Plätzchen und Muße zur Lektüre findet, dem seien folgende Bücher empfohlen:
August Kopisch: Entdeckung der Blauen Grotte auf der Insel Capri. Mit einem Essay von Dieter Richter. Wagenbach Verlag. Dank des Nachwortes eines der klügsten Bücher über Capri.
Martin Mosebach: Die schöne Gewohnheit zu leben. Eine italienische Reise. Berlin Verlag. Wunderschöne Geschichten und kluge Essays.
Gustaw Herling: Die Insel. Hanser Verlag. Ungewöhnlich düstere Capri-Novelle um dunkle Geheimnisse in der Kartause.

Sprach-führer

Zahlen ab 0

0	zero	19	dicianove
1	uno	20	venti
2	due	30	trenta
3	tre	40	quaranta
4	quattro	50	cinquanta
5	cinque	60	sessanta
6	sei	70	settanta
7	sette	80	ottanta
8	otto	90	novanta
9	nove	100	cento
10	dieci	101	cent(o)uno
11	undici	200	duecento
12	dodici	300	trecento
13	tredici	400	quattrocento
14	quattordici	500	cinquecento
15	quindici	600	seicento
16	sedici	700	settecento
17	diciassette	800	ottocento
18	diciotto	900	novecento

Zahlen von 1000–1 Mrd.

1000	mille
2000	duemila
3000	tremila
10 000	diecimila
100 000	centomila
1 000 000	un milione
1 000 000 000	un miliardo

Zeit

Montag	lunedì
Dienstag	martedì
Mittwoch	mercoledì
Donnerstag	giovedì
Freitag	venerdì
Samstag	sabato
Sonntag	domenica
Feiertag	giorno festivo
Minute	minuto
Stunde	ora
Tag	giorno
Woche	settimana
Monat	mese
Jahr	anno
Frühling	primavera
Sommer	estate
Herbst	autunno
Winter	inverno
heute	oggi
gestern	ieri
vorgestern	l'altro ieri
morgen	domani
übermorgen	dopo domani
morgens	di mattina
mittags	di mezzogiorno
nachmittags	di pomeriggio
abends	di sera
nachts	di notte
vor/nach	prima di/dopo
früh/spät	presto/tardi

Allgemeines

Ciao!	Hallo! (auch Adieu)
Guten Morgen/	buon giorno
Guten Tag	buon giorno
Guten Abend	buona sera
Gute Nacht	buona notte
Auf Wiedersehen	arrivederci
bitte	prego/per favore
danke	grazie
Entschuldigung	scusi
Vorsicht	attenzione
links	sinistra
rechts	destra
geradeaus	diretto

Einkaufen

Ausverkauf	saldi
Geschäft	negozio
Kleidung	vestiti

Die wichtigsten Sätze

Wie geht es Ihnen/Dir?	*Come sta/stai?*
Bis bald!	*A presto!*
Sprechen Sie Deutsch/Englisch?	*Parla tedesco/inglese?*
Haben Sie ein Einzel-/	*C'è una camera singola/*
Doppelzimmer frei?	*doppia?*
Ich möchte ein Zimmer/einen	*Vorrei riservare una camera/un*
Tisch/einen Platz reservieren.	*tavolo/un posto.*
Was kostet es?	*Quanto costa?*
Die Rechnung, bitte.	*Il conto, per favore.*
Der Fernseher funktioniert nicht.	*Il televisore non funziona.*
Wo ist die Straße/der Platz …?	*Dov'è la via/la piazza …?*
Wo ist eine Apotheke/	*Dov'è una farmacia/*
das Krankenhaus/das Hotel/	*l'ospedale/l'albergo/*
die Bushaltestelle/	*la fermata/*
der Bahnhof?	*la stazione?*
Wo finde ich ein Telefon/	*Dove posso trovare un telefono/*
eine Post/ein Taxi?	*una posta/un taxi?*
Wo kann ich Zigaretten/Brief-	*Dove posso trovare sigarette/*
marken/Fahrscheine kaufen?	*francobolli/biglietti?*
Wie spät ist es?	*Che ora è?*

Kleidergröße	misura	Briefmarke	francobollo
Kreditkarte	carta di credito	Postamt	ufficio postale
Quittung	ricevuta	Postkarte	cartolina
Rabatt	sconto	Telefon	telefono
Schuhe	scarpe	Telefonbuch	elenco telefonico
		Telefonkarte	scheda telefonica

Notfälle

Apotheke	farmacia	**Unterkunft**	
Arzt	medico	Abfahrt	partenza
Erste Hilfe	pronto soccorso	Ankunft	arrivo
Fieber	febbre	Aufzug	ascensore
Krankenhaus	ospedale	Bett	letto
Krankenwagen	ambulanza	Dusche	doccia
Notfall	situazione di	Einzelzimmer	camera singola
	emergenza	Doppelzimmer	camera doppia
Schmerzen	dolori	mit/ohne Bad	con/senza bagno
Unfall	incidente	Gepäck	bagagli
Wunde	ferita	Handtücher	asciugamani
Zahnarzt	dentista	Pass	passaporto
		Personalausweis	carta d'identità
Post		Rechnung	il conto
Adresse	indirizzo	Rezeption	recezione
Brief	lettera	Schlüssel	chiavi
Briefkasten	buca delle lettere	Übernachtung	pernottamento

Auskunft

Italienische Informationsbüros (ENIT)

Broschüren & Prospekte
Freecall: Tel. 00 800 00 48 25 42
aus Deutschland, Österreich und
der Schweiz, 8–20, Sa 9–14 Uhr.

... in Deutschland
Karl-Liebknecht-Str. 34
10178 Berlin
Tel. 030/247 83 97/98
Fax 030/247 83 99
Enit-berlin@t-online.de
Kaiserstr. 65
60329 Frankfurt/Main
Tel. 069/23 74 30, 25 91 26
Fax 069/23 28 94
Enit.ffm@t-online.de
Goethestr. 20
80336 München
Tel. 089/53 13 17
Fax 089/53 45 27
enit-muenchen@t-online.de

... in Österreich:
Kärntner Ring 4, 1010 Wien
Tel. 01/505 16 39
Fax 01/505 02 48
www.enit.at
enit-wien@aon.at

... in der Schweiz:
Uraniastr. 32, 8001 Zürich
Tel. 01/211 30 31
Fax 01/211 38 85
enit@bluewin.ch

... auf Capri
Azienda Autonoma di Cura e
Soggiorno e Turismo
Capri: Piazza Umberto 1
Tel. 08 18 37 06 86
Fax 08 18 37 09 18
www.capritourism.com
www.capri-island.com
touristoffice@capri.it

Marina Grande:
Banchina del Porto
Tel. 08 18 37 06 34.
Anacapri: Via G. Orlandi 59
Tel. 08 18 37 15 24
tourinfo@mbox.caprinet.it
touristoffice@capri.it

... im Internet
www.capri.it
www.enit.it/de
Weitere Infos über die ›Reiselinks‹
bei www.dumontreise.de.

Reisezeit

Capri hat das ganze Jahr Saison.
Im Winter (Okt.–März) sind allerdings viele Hotels geschlossen.
   Das Frühjahr ist die beste Reisezeit: Das warme Klima lädt zum
Wandern und Spazierengehen ein,
und die Hotelpreise sind etwas
günstiger (außer an Ostern), problemlos findet man eine Unterkunft. Man kann die Sonne genießen, während man auf der Piazzetta sitzt oder Ausflüge unternimmt. Italiener wird man höchstens beim Sonnenbaden antreffen.
Abgehärtete Mitteleuropäer werden aber den Sprung ins Meer
schon wagen können.
   Im Sommer kann es mächtig
heiß werden, und die Insel ist
tagsüber schrecklich überlaufen.
Auch der Herbst kann noch sehr
schön sein, und der größte Ansturm ist vorüber.

Klima

Capri liegt im Golf von Neapel und
ist bekannt für sein mildes Klima.
Die Temperaturen sind weit er-

träglicher als auf dem Festland auf demselben Breitengrad. Im Winter ist es etwas wärmer als in Kampanien, im Sommer dafür etwas kühler. Die Jahresdurchschnittstemperatur liegt bei etwa 17 °C, am kältesten ist es im Januar mit rund 6 °C, manchmal kann es um diese Jahreszeit kurze Frostperioden geben. Am heißesten wird es im Juli und August, die Durchschnittstemperatur beträgt dann 28 °C, Hitzeperioden von über 35 °C sind keine Seltenheit.

Der Herbst kann noch sehr schön sein, zwar sieht man statt des Grüns vom Frühling viel braunes Gras an den Hängen, doch die Sonne brennt nicht mehr so heftig Regen tritt vor allem von Ende Oktober bis Februar, dann kann es auch zu Hagelschauern kommen.

Einreise

Für die Einreise nach Italien genügt Deutschen, Schweizern und Österreichern der gültige Personalausweis, zum Autofahren der nationale Führerschein, Kinder unter 16 Jahren brauchen einen Kinderausweis oder müssen im Pass der Eltern eingetragen sein. Zollkontrollen sind sehr selten, mittlerweile muss man an den Grenzen und am Flughafen nicht einmal mehr anhalten und den Ausweis zeigen.

Anreise

... mit dem Flugzeug

Der Flughafen Napoli Capodichino wird täglich von vielen internationalen Linien angeflogen. Ein Flug ab Frankfurt kostet etwa 350 €.

Vom Flughafen in Neapel fahren Busse ins Zentrum, zum Hauptbahnhof sowie die Linie S 3 zum Molo Beverello. Ein Taxi vom Flughafen zur Schiffsanlegestelle kostet etwa 20 €, sonntags ist es teurer, für große Gepäckstücke wird ebenfalls ein Zuschlag verlangt. Einige Reiseveranstalter bieten Pauschalarrangements auf Capri an, dann kann man meistens einen Transport-Service vom Flughafen bis zum Hotel mitbuchen.

... mit der Bahn

Regelmäßige Bahnverbindungen von Mitteleuropa nach Neapel, allerdings dauert die Fahrt von den Alpen durch Italien bereits etwa zehn Stunden und ist entsprechend beschwerlich.

... mit dem Auto

... ist es ganz schön weit. Es genügen der nationale Führerschein und die üblichen Kfz-Papiere, für die Durchreise durch Österreich und die Schweiz benötigen deutsche Fahrzeuge eine Autobahn-Vignette. Wer nicht ohnehin eine größere Italien-Reise mit dem Auto plant, sollte sich die Anreise per Pkw sparen.

... mit dem Schiff

Wer in Neapel ankommt, wird von einem der beiden Fährhäfen ablegen. Von Mergellina aus verkehren nur Passagierschiffe, von Beverello aus zusätzlich Autofähren sowie von beiden aus diverse Linien-Schnellboote, diese brauchen etwa 40 Min. bis sie die Insel erreichen. Kürzer ist die Überfahrt von Sorrent aus, auch von dort gibt es Autofähren und Passagierschiffe.

Unterwegs auf Capri

... mit dem Auto

Ausländische Fahrer dürfen von Oktober bis März ihr Auto nach Capri mitnehmen (anders als Italiener, die es in teuren Parkgaragen in Neapel oder Sorrent abstellen müssen), doch auf Capri selbst nützt ein Auto herzlich wenig. Es gibt nur wenige Straßen, und in Capri-Stadt dürfen ohnehin nur Elektrowägelchen fahren.

... mit dem Bus

Der Busverkehr auf Capri ist gut organisiert. Mehrmals in der Stunde, im Sommer pausenlos, pendeln Busse zwischen Capri und Anacapri, etwas weniger häufig fahren Busse zwischen Marina Grande und Marina Piccola und von Anacapri zur Grotta Azzurra. Die Busse fahren bis etwa Mitternacht. Einen Fahrplan kann man sich in Capri am zentralen Bus-Abfahrtsplatz in der Via Roma, kurz vor der Piazzetta, besorgen.

Jede Strecke kostet 1,50 €, zwar sind die Busse immer proppevoll, aber Taxifahren kostet mindestens das Zehnfache, ohne Gepäck eine sinnlose Ausgabe. Wenn man nach Anacapri hinauffährt, sollte man einen Sitzplatz auf der rechten Seite ergattern. Ist man schwindelfrei, kann man den spektakulären Blick in die Tiefe genießen. An der Grotte der Muttergottes bekreuzigen sich die einheimischen Frauen in Erinnerung an einen tragischen Unfall. An dieser Stelle ist 1943 ein vollbesetzter Bus mit Soldaten abgestürzt. Aber das weiß kaum einer der Besucher...

Von der Marina Grande nach Capri nimmt man die Standseilbahn, Funicolare, der Fahrpreis beträgt ebenfalls 1,50 €.

Kombitickets: Es gibt nun auch ein 60-Minuten-Ticket (2,30 €), das für eine Funicolare-Fahrt und mehrere Busfahrten gilt. Das Tagesticket (7 €) ist gültig für zwei Funicolare-Fahrten und unbegrenzt viele Fahrten mit dem Bus auf ganz Capri.

... mit der Seilbahn

Von der Marina Grande nach Capri kann man mit der Standseilbahn, Funicolare, fahren, sie kostet 1,50 €. Die flotten roten Wägelchen verkehren tagsüber alle zehn Minuten. Capris zweite Seilbahn kann man kaum als Verkehrsmittel bezeichnen: Der Sessellift auf den Monte Solaro befördert ausschließlich Ausflügler. Der Lift startet neben dem Hauptplatz von Anacapri, Piazza Victoria, und »schwebt« auf den Gipfel des Monte Solaro. 1999 wurde die Seilbahn generalüberholt und mit neuen Sesseln versehen.

... mit dem Schiff

Ausflugsboote bevölkern den Hafen Marina Grande. So gut wie jeder Capri-Besucher wird eines dieser Boote besteigen, und zwar für die Fahrt zur Blauen Grotte (Grotta Azzurra). Außerdem kann man hier eine Inselrundfahrt buchen. Mehrere Veranstalter bieten dies an, die Preise unterscheiden sich kaum (man bezahlt etwa 8 €). Am besten man informiert sich direkt am Hafen, welche Bootsgesellschaft zur gewünschten Uhrzeit startet. Die Rundfahrt dauert etwa eineinhalb Stunden.

... mit dem Taxi

Taxis sind nicht billig, von der Marina Grande zum Hauptplatz von Capri bezahlt man etwa 9 €. Weiter fahren die Taxis nicht, d. h., zu vielen Hotels muss man zu Fuß gehen, die Koffer schleppen oder einen Gepäckträger anheuern.

... zu Fuß

Im Grunde bleibt Besuchern nichts anderes übrig, als sich Capri zu Fuß anzueignen. Capris Gassen sind steil und gepflastert, es empfiehlt sich, bequeme Schuhe einzupacken oder eben solche in Capri einzukaufen.

Ausflüge

Nur in der Hauptsaison verkehren Ausflugsboote nach Ischia und an die amalfitanische Küste. Den Rest des Jahres ist Capri das Ausflugsziel, das bedeutet, vom Festland und auch von Ischia fahren morgens Schiffe nach Capri und abends zurück. Wenn man in dieser Zeit also zum Beispiel nach Positano möchte, muss man von Capri aus abends übersetzen, in Positano übernachten und am nächsten Tag zurückfahren.

Fährschiffe und kleinere Boote fahren von Sorrent und Neapel aus nach Capri und zurück (Infos beim Fremdenverkehrsamt).

Unterkunft

Wirklich preisgünstige Unterkünfte sind auf Capri so selten wie Sandstrände… Die wenigen günstigen Pensionen sind lange vorher ausgebucht, nur in der Nebensaison kann man mehr Glück haben. Familienpensionen und Luxushotels, innerhalb dieser Spanne liegen die Übernachtungsmöglichkeiten auf Capri. Ferienwohnungen sind rar. Adressen vermittelt das Fremdenverkehrsamt. Zelten ist verboten, Campingplätze gibt es nicht. Insgesamt ist die Insel ein teures Pflaster. Etwas günstiger logiert man in Anacapri, die Zimmerpreise liegen jeweils unter denen von Capri. Außerdem tut man gut daran, sich rechtzeitig um eine Unterkunft zu kümmern. In den Haupt-Urlaubszeiten, also im Sommer und zu Ostern, außerdem Ende Mai während einer großen Segelregatta, sind die Kapazitäten der Insel ziemlich erschöpft.

Im Notfall

In Notfällen wendet man sich an den *pronto soccorso* oder die *guardia medica*. Apotheken heißen *farmacia* und sind mit einem grünen Kreuz gekennzeichnet. Auf Capri gibt es ein kleines Krankenhaus, Tel. 08 18 38 11 11. Notruf (gebührenfrei): Tel. 113

Behinderte

Alle öffentlichen Gebäude müssen laut Gesetz für Behinderte gut zugänglich sein. Manche Hotels sind behindertengerecht ausgestattet, wo das nicht der Fall ist, wird sich aber leicht ein Helfer finden.

Mit ihren steilen und engen Gassen ist die Insel für Rollstuhlfahrer nicht sehr geeignet.

Orte v

Auf der Piazzetta von Capri sitzen und frisch gepressten Orangensaft schlürfen, in einem Fischrestaurant Meeresgetier essen, das so frisch ist, als wäre es direkt auf den Teller gesprungen, mit dem Ruderboot in die unvergleichliche Blaue Grotte fahren, mit der Seilbahn oder zu Fuß auf den Monte Solaro, Spaziergänge zu römischen Ruinen oder üppigen Gärten, Mußestunden auf Felsklip-

on A-Z

pen und Wasserspaß in Badebuchten – dieser Führer auf eine der schönsten italienischen Inseln gibt Ihnen nützliche Tipps und ausgesuchte Adressen an die Hand, damit Ihr Urlaub zum Erlebnis wird. Und wer auf Capri Besonderes sehen möchte, dem seien die Extra-Touren empfohlen. Capri in kompakter, überschaubarer Form, für alle, die viel entdecken und nichts verpassen möchten.

Alle interessanten Orte und ausgewählte touristische Highlights auf einen Blick – alphabetisch geordnet und anhand der Lage- bzw. Koordinatenangabe problemlos in der großen Extra-Karte zu finden.

Anacapri

Lage: D 3
Einwohner: 5300

Mancher Besucher auf Capri weiß gar nicht, dass sich auf der Insel zwei Ortschaften befinden, außer Capri eben auch noch Anacapri. Diese Gemeinde erstreckt sich auf der westlichen Hochebene, zu Füßen des Monte Solaro (589 m ü. M.). Obwohl sich die meisten Sehenswürdigkeiten, allen voran die Blaue Grotte, auf Anacapreser Boden befinden, ist Anacapri im Vergleich mit Capri der ruhigere Ort geblieben. Wenn man aus den alten Vierteln hinausspaziert, kommt man schon bald an Gehöften und an Gemüsefeldern, Olivenbäumen und den wenigen Weinreben vorbei. Umgeben von landwirtschaftlichem Gebiet findet man auch im Ort noch dörfliche Szenen. Schon Gregorovius stellte fest: »Wir haben nun wahrlich vergessen, dass es auf dem Eiland noch ein zweites Städtchen, Ana-Capri, gibt.« – und da es bis heute vielen Besuchern so geht, kann man hier ruhige Tage verbringen, während sich in Capri Menschenmassen drängeln. Beide Orte sollen immer in Fehde gelebt haben, so erzählen es viele Schriften. Davon spürt man als Besucher natürlich nichts. Um Liebeshändel ging es bei den Streitereien genauso wie um Fischereirechte sowie um fruchtbare Ackerböden und Weiderechte.

Auch wenn Anacapri die kleinere, unbekanntere Schwester des namengebenden Ortes Capri ist, braucht es sich nicht zu verstecken. Denn neben der Grotta Azzurra locken hier die Villa San Michele und der Monte Solaro. Diese Inselhälfte ist auch landwirtschaftlich reizvoll. Das Gelände fällt auf der weiten Ebene sanft ab. Ans Meer kommt man so leicht nicht, die letzten Höhenmeter stürzen ringsum steil in die Tiefe, jäh und schwindelerregend im Süden, nicht mehr ganz so dramatisch im Norden bei der Blauen Grotte.

Der Besucheransturm, vor allem der Tagestouristen, beschränkt sich meist auf die wenigen hundert Meter direkt um die Piazza Vittoria. Hier strömen sie aus den Bussen und marschieren schnurstracks zu Villa San Michele. Einige

 Sightseeing Hotels

Museum Restaurants

Baden Shopping

Sport & Freizeit Nightlife

Ausflüge Feste

Information Verkehr

schaffen es auch noch in die gewundene Fußgängerzone Via G. Orlandi, nur ganz wenige aber bis in die Ortsteile Caprile oder Le Boffe. Vor allem letzterer ist reizend. Die weiß getünchten Häuser strahlen in der Sonne wie auf einer griechischen Insel, Katzen streunen ums Hauseck, Mütter schieben tapfer ihre Kinderwagen steil bergauf, über allem liegt eine Ruhe, die man auf Capri fast nicht zu finden gehofft hatte.

 Santa Sofia: Die schöne Barockfassade der Pfarrkirche von Anacapri täuscht darüber hinweg, dass Teile des Gebäudes schon 1510 gebaut wurden. Aus dieser dreischiffigen Basilika wurde nach Umbauten von 1595 bis ins 19. Jh. hinein die heutige Kirche mit ihren auffälligen Kuppeln. Das Gebäude steht an der Piazza Armando Diaz.

Piazza Armando Diaz: Das Wohnzimmer von Anacapri. Auf den Bänken mit Majolika-Fließen des ortsansässigen Kunsthandwerkers Sergio Rubino sitzen die Einheimischen mit Kinderwagen oder Sportzeitung, hier treffen sich

die Jungen zum Anbandeln und die Alten zum Erinnern.

San Michele Arcangelo:
April–Okt. tgl. 9.30–18, Nov.–März 9.30–16 Uhr, Eintritt 2 €
Der bedeutendste Sakralbau Anacapris steht an der Piazza San Nicola. Die Kirche wurde 1719 geweiht, der Entwurf stammt von dem Neapolitaner Domenico Antonio Vaccaro. Das berühmteste Detail der Kirche ist jedoch der Majolika-Fußboden, er stammt von 1761. Das Thema der farbenprächtigen Arbeit ist die Vertreibung von Adam und Eva aus dem Paradies. Besucher werden auf einem Umgang um die Fliesen herumgeführt, den besten Blick hat man allerdings von der Orgelempore. Das Gebäude ist säkularisiert, wird also nicht mehr als Kirche genutzt.

Casa Rossa: Das auffällige Haus in der Ortsmitte, an der Via G. Orlandi, kann man gar nicht verfehlen. Erbaut wurde es von J. C. Mac Kowen, der 1876 den Spieß umdrehte und aus den Vereinigten Staaten von Amerika auswanderte. Er ließ sich in Anacapri nieder

31

Die Antike lässt grüßen: Villa San Michele

und widmete sich der Altertumsforschung. Unter anderem fand er antike Reste in der Blauen Grotte. Die Casa Rossa ist in Privatbesitz und nur von außen zu besichtigen. Durchs Gitter kann man einen Blick in den schönen Innenhof werfen. In einem eigenartigen Stilmischmasch von mittelalterlicher Burg und maurischem Gemäuer dominiert die Casa Rossa den kleinen Platz.

Capri in Miniatura: Via G. Orlandi 105, Tel. 08 18 37 11 69, www.capri.it/it/caprimini, 9–19 Uhr, Eintritt 4 €
Der lokale Keramik-Künstler Sergio Rubino hat in einem flachen Swimmingpool Capri nachgebaut. Während man die bekanntesten Sehenswürdigkeiten – in recht eigenwilligem Maßstab – betrachtet, erzählt die Führerin haarsträubende Geschichten (keine deutschen Führungen): Hier sehen Sie den Fels des Tiberius, von dem aus er immer Frauen ins Meer werfen

ließ, das ist das Haus von Malaparte, er war Kommunist, deshalb hat es die Form eines Hammers und so weiter, und so fort. Die Anlage ist an Kitsch kaum zu überbieten, aber die Italiener lieben sie.

Villa San Michele: Via Capo di Monte, Tel. 08 18 37 14 01, Fax 08 18 37 32 79, www. caprionline.com/axelmunthe, tgl. geöffnet, Nov.–Feb. 10.30–15.30 Uhr, März 9.30–16.30, April–Okt. 9.30–17 Uhr, Mai–Sept. 9–18 Uhr, Eintritt 4,50 €
»Es ist klein, es wurde von mir nach dem Prinzip gebaut, dass die Seele mehr Raum benötigt als der Körper«, sagte Axel Munthe über seine Villa San Michele, einem der touristischen Hauptanziehungspunkte von Anacapri. Das ist einigermaßen kokett, wie man bemerken wird, wenn man die zahlreichen Räume und Gänge durchschritten, die sagenhafte Galerie durchwandelt hat und durch den Garten spaziert ist. Der schwedi

Capresische Neuigkeiten erfährt man auf der Piazza Armando Diaz

sche Arzt baute die Villa 1896 nach seinem eigenen Gutdünken und stattete sie mit zahlreichen antiken Fundstücken von Capri aus, das augenfälligste ist die ägyptische Sphinx, ihr gab Munthe als Ruheplatz den schönsten Aussichtspunkt der Insel. (siehe auch Extra-Tour 2, s. S. 86f.)

Castello Barbarossa: Mit dem berühmten Stauferkaiser hat die Burg nichts zu tun, deren Ruine weithin sichtbar über Anacapri thront. Die Anlage wurde vermutlich schon im 11. Jh. zum Schutz gegen die Sarazeneneinfälle gebaut. Ihren Namen erhielt sie von einem anderen Barbarossa – Rotbart, und zwar von dem afrikanischen Korsaren Khair-ed-Din. Nach seinem Überfall von 1534 taugte die Burg nicht länger zur Verteidigung der Insel, nur eine Ruine war übrig geblieben. Heute ist sie Sitz einer ornithologischen Station und steht mitten in einem WWF-Vogelschutzgebiet. Sie kann nur nach

Voranmeldung bei der Villa San Michele (s. o.) besichtigt werden.

Le Boffe: Der Ortsteil von Anacapri zieht sich entlang der Via Boffe, einer Verlängerung der lebhaften Fußgängerzone Via G. Orlandi. Le Boffe ist jedoch ein ruhiges Quartier. Man sieht hauptsächlich Einheimische, die weißen Häuser erinnern eher an eine griechische Insel als an Italien.

Nettuno (B 2): Via Grotta Azzura 46, Tel. 08 18 37 13 62, Eintritt Erwachsene 8 €, Kinder 7 €, mit Liegestuhl, Umkleidekabine, Dusche etc. Ein Rabatt für Dauergäste ist möglich. Direkt bei der Blauen Grotte liegt diese feine Badeanstalt. Man sonnt sich an zwei Pools etwas oberhalb des Meeres, eine steile Treppe führt hinunter zur Felsenbucht zum Baden. Manchmal sieht man sogar besonders sportliche Schwimmer in kühnem Kopfsprung von oben hinunter tauchen.

Nettuno: Hier würde auch Neptun gerne baden...

Da Giovanni (B 2): Via Grotta Azzurra, Tel. 08 18 37 36 73, Eintritt 2 €, mit Liegestuhl 5 €
Wenn man unterhalb der Badeanlage Nettuno auf der Promenade weitergeht, kommt man zu dem kleinen Imbiss von Giovanni. Hier ist der Eintrittspreis auf die Bade-Terrasse gemäßigt – und die Badefelsen direkt unterhalb kosten gar nichts, fast eine Rarität auf Capri.

Lido del Faro (A 7): Punta Carena, Eintritt mit Liegestuhl 8 €
Am äußersten Westzipfel der Insel liegt diese sehr schöne, im August aber überlaufene Badebucht. Zusätzlich gibt es auch einen Pool. Man fährt mit dem Bus von Anacapri aus, zu Fuß geht man etwa eine Stunde. (Extra-Tour 5, s. S. 92f.)

Villa San Michele: Via Capo di Monte, Tel. 08 18 37 14 01, Fax 08 18 37 32 79 tgl. geöffnet, Nov.–Feb. 10.30–15.30 Uhr, März 9.30–16.30, April–Okt. 9.30–17, Mai–Sept. 9–18 Uhr, Eintritt 4,50 €
Im ehemaligen Wohnhaus des schwedischen Arztes Axel Munthe kann man das originale Mobiliar betrachten, außerdem zahlreiche Fundstücke von der Insel (s. o.).

Oasi Motor: Piazza Caprile 3/a, Tel. 08 18 37 24 44. Motorroller-Verleih.

Scala Fenicia (F/G 3): Phönizische Treppe heißt dies übersetzt, doch der Name täuscht. Die Phönizier waren im 1.

dem kann man sie wieder gefahrlos betreten. Jetzt ist sie leicht begehbar und nachts beleuchtet, so dass sie von der Terrasse der Piazzetta in Capri aussieht wie eine Skipiste.

Monte Solaro (E 5): Auch die Seilbahn von Anacapri auf den höchsten Punkt der Insel (589 m ü. M.) wurde 1999 generalüberholt und mit neuen Sesseln versehen. Wer nicht zu Fuß auf den Berg steigen möchte (Extra-Tour 3, s. S. 88f.), kommt so bequem in wenigen Minuten vom Hauptplatz des Ortes auf den Monte Solaro (s. S. 44). Von der Gipfelterrasse genießt man einen herrlichen Rundblick, tief fällt die Landschaft ab zum Ort Capri, bei einigermaßen klarer Sicht sieht man die gesamte Küste von Neapel und Sorrent und rundum das gleißende Meer.

Santa Maria a Cetrella (F 5): Die Einsiedelei Santa Maria a Cetrella (475 m) erreicht man, indem man vom Monte Solaro auf dem brei-

Jt. v. Chr. eine große Seemacht und gründeten Handelskolonien am Mittelmeer, dass sie auch auf Capri gewesen waren, ist nicht belegt. Vermutlich wurde die Treppe in griechischer Zeit angelegt und später von den Römern ausgebaut. Bis zum Bau der Strada Provinciale 1874 war sie die einzige Verbindung zwischen Anacapri und Marina Grande, auf der Treppe mussten alle Waren nach Anacapri hochgeschafft werden, meist auf den Köpfen der Frauen balanciert; und für die Fischer war es der tägliche Weg zum Arbeitsplatz: dem Meer. Ursprünglich bestand die Treppe aus über 800 Stufen, nun sind es noch etwa 500. In den vergangenen Jahren wurde sie endlich renoviert – und die senkrechte Felswand darüber mit Drahtnetzen gegen Steinschlag gesichert, seit-

Wünsche werden wahr

Am schönsten Aussichtsplatz in der Villa San Michele steht die über 3200 Jahre alte marmorne Sphinx. Die Flanken der Figur sind ganz speckig und abgegriffen, und das hat einen Grund: Wünsche sollen in Erfüllung gehen, wenn man über den Stein streicht.

Wildromantisch: Leuchtturm an der Punta Carena

ten Wanderweg absteigt und an einem kleinen, gemauerten Madonnenbild nach rechts abbiegt. Die ursprüngliche Klosteranlage stammt aus dem 15. Jh. und wurde 1614 durch den heutigen Bau ersetzt. Nur an den Septembersonntagen ist sie geöffnet, dann wird dort täglich um 7.30 Uhr eine Messe gelesen. Außerdem findet an Mariä Himmelfahrt (15. August, *ferragosto*) eine Wallfahrt von Anacapri nach Santa Maria a Cetrella statt.

Belvedere di Migliara (C 6): Der Aussichtspunkt im Südwesten der Insel ist auf einem gut ausgebauten Spazierweg zu erreichen. Man spaziert von der Ortsmitte von Anacapri, direkt an der Seilbahn, durch die Via Caposcuro, die bald in die Strada della Migliara mündet. Die Strecke verläuft etwa eine halbe Stunde lang nahezu eben und auf breiten Wegen. Am Belvedere angelangt, kann man links noch wenige Schritte zu einer weiteren Plattform hinaufsteigen, von dort sieht man auch die Faraglioni. Zurück wählt man entweder denselben Weg oder die anspruchsvollere Alternative zum Leuchtturm: Vom Belvedere di Migliara aus dem mit roten Punkten markierten Weg durch den Wald abwärts folgen, immer an der Steilküste entlang. Man sollte einigermaßen schwindelfrei sein, auch wenn der Weg nicht direkt an der Küste entlang führt, und Kinder nicht alleine lassen. Nach etwa 20 Min. kommt man an der Torre della Guardia (Privatbesitz) auf eine kleine Straße und folgt dieser nach links. Nach weiteren 20 Min. stößt man auf die Via Nuova del Faro, weiter geht es wie in Extra-Tour 5 (s. S. 92f.) beschrieben.

Ausflug in die Antike

Wer bei den Wanderungen auf Capri zu den römischen Ruinen auf den Geschmack gekommen ist, sollte einen Tagesausflug nach Pompeji unternehmen (s. S. 74ff.). Während man sich auf Capri ein Bild davon machen kann, wie das Kaisergeschlecht gelebt hat, vermittelt Pompeji wie kein anderer Ort einen Eindruck davon, wie das tägliche Leben in einer noblen Villengegend während der römischen Epoche ausgesehen hat.

Torre di Materita (C 5):
Tgl. außer Mo 11–13 und 14.30–17 Uhr, Eintritt 3 €
Dieser Verteidigungsturm wurde im 14. Jh. von den Kartäusermönchen gegen die sarazenischen Überfälle errichtet. Axel Munthe lebte dort zwischen 1910 und 1943, hier schrieb er auch sein berühmtes ›Buch von San Michele‹. Man erreicht den Turm, wenn man von Caprile aus auf der Via Nuova del Faro etwa 20 Min. spaziert oder von der Piazza Caprile mit dem Bus fährt (Bushaltestelle bei der Torre).

Villa Damecuta (B 2):
Ganzjährig tgl. 9 Uhr bis eine Stunde vor Sonnenuntergang, Eintritt frei.
Die zweitbest erhaltene antike Anlage auf Capri. Die Ruinen sollen

37

Map of Anacapri with labels:

CASA ROMANA
TIMBERINO
TIMPONE
Via Lo Pozzo
Via Cava
Via Carmel
Loreley
Via G. Orlandi
Via Vignola
Bellavista, San Michele, Caesar Augustus
PASTENA
Piazza Vittoria
Via Capodimonte
Biancamaria
Via G. Orlandi
Via Timponce
Ufficio Turistico
Capri Palace Hotel
CAPODIMONTE
Piazza San Nicola
San Michele Arcangelo
Via Boffe
Via Filetto
Piazza Armando Diaz
Santa Sofia
Via Filetto
Via Cimitero
Via Capoccuro
Via Boffe
PARADISO
Vico Boffe
Via Tuoro
Via Minniti
Tommaso
S. Maria a Costantinopoli
Via de
Via Catena
CAPOSCURO
Via Capoccuro
Via G. Orlandi
Via Pagliaro
Via C. Ferraro
Via Migliera
PORTICO
CATENA
Trav. C. Ferraro
Via Caprile
STARZA
Anacapri
Rio Caprile
Via Migliera
Da Gelsomina

0   100   200   300 m

die Reste von einer der Villen sein, die Tiberius auf der Insel erbaut haben soll. Auch wenn in der Villa Damecuta erheblich weniger zu sehen ist, als in der Villa Jovis, lohnt sich der Besuch – meistens ist auch bedeutend weniger los.

Grotta Azzura (B 2):
Die berühmteste Sehenswürdigkeit Capris liegt an der westlichen Nordküste der Insel. Tagsüber bis etwa 17 Uhr fahren Ausflugsboote von der Marina Grande zur Grotta Azzurra. Ein unglaublicher touristischer Massenauftrieb herrscht hier den lieben langen Tag – und dennoch: Man sollte die Einfahrt auf keinen Fall versäumen. Das blaue Licht ist einfach unglaublich schön und irreal (s. Extra-Tour 5, S. 92/93).

Adressen und Tipps

 Azienda Autonoma di Cura Soggiorno e Turismo: Via G. Orlandi 59, Tel. 08 18 37 15 24, Hauptsaison tgl. 8.30–20.30 Uhr, Wintersaison Mo–Sa 9–15 Uhr.

 Da Gelsomina: Via Migliera 72,

Tel./Fax 08 18 37 14 99,
März–Okt., günstig.
Eigentlich ist Da Gelsomina bekannt als reizendes Restaurant. Seit einigen Jahren vermietet die Familie Maresca aber auch Zimmer. Diese sind ansprechend ausgestattet, man logiert praktisch unterhalb des Pools und hat jeweils eine kleine Terrasse mit Blick aufs Meer und auf Ischia.

Loreley: Via G. Orlandi 16,
Tel. 08 18 37 14 40,
Fax 08 18 37 13 99,
April–Okt., moderat.
Der romantische Name täuscht, das Hotel liegt unspektakulär, aber ruhig nahe der Piazza Vittoria, die Zimmer sind einfach, haben aber Balkon. Der Aussicht wegen sollte man im ersten Stock wohnen.

Bellavista: Via G. Orlandi 10,
Tel. 08 18 37 14 63,
Fax 08 18 37 09 57,
syrene@capri.it,
April–Okt., moderat.
Den Namen trägt das Hotel zu recht, von vielen Zimmern und aus dem Frühstücksraum hat man einen wunderbaren Blick auf den Golf von Neapel. Das Apartment Nr. 18 bietet Platz für vier Personen (zweigeschossiges Zimmer).

Biancamaria: Via G. Orlandi 54,
Tel. 08 18 37 10 00,
Fax 08 18 37 20 60,
April–Okt., moderat.
Das kleine Hotel liegt im Zentrum von Anacapri, die Zimmer sind zweckmäßig möbliert, haben aber fast alle einen großen Balkon.

San Michele: Via G. Orlandi 1,
Tel. 08 18 37 14 27
Fax 08 18 37 14 20,
smichele@capri.it,
April–Okt., moderat.

Das Hotel liegt unterhalb der berühmten gleichnamigen Villa des schwedischen Arztes Axel Munthe. Es ist allerdings etwas in die Jahre gekommen, die 60 Zimmer sind jedoch ziemlich groß. Am größten ist Zimmer Nummer 202, es hat sogar drei Balkone! Für Sportliche ein Pluspunkt: der große Pool.

Caesar Augustus: Via G. Orlandi 4, Tel. 08 18 37 33 95,
Fax 08 18 37 14 44,
www.caesar-augustus.com,
April–Okt., teuer.
Die Terrasse ist spektakulär: Man überblickt die ganze östliche Insel, bei schönem Wetter breitet sich dahinter die Küste um Sorrent aus. Denselben Ausblick hat man auch aus den meisten Zimmern. Die Kopie der Cäsaren-Statue auf der Terrasse mit dem einmaligen Panorama gehört zu den meistfotografierten Ansichten von Anacapri. Das Caesar Augustus unterhält einen Pendelbus-Service nach Capri-Stadt und zur Marina Grande.

Capri Palace Hotel: Via Capodimonte 2/b, Tel. 08 18 37 38 00,
Fax 08 18 37 31 91,
www.capri-palace.com,
April–Mitte Nov., Luxus.
Schon die Zufahrt ist einzigartig: Man fährt entlang der verglasten Seitenwände des Swimmingpools, eingetaucht in blaues Licht. Die frisch renovierte Lobby gibt sich großzügig und ganz in eierschalenweiß, einige der Zimmer haben eine kleine private Gartenterrasse mit Pool. Dem Hotel angegliedert ist eine Schönheitsfarm mit Fitness-Studio.

 **Pasticceria Ferraro:**
Via G. Orlandi 233.

Kaiserlicher‹ Ausblick: Terrasse des Hotels Caesar Augustus

Diese Zuckerbäckerei ist der deutlichste Beweis dafür, dass man in Anacapri günstiger leben kann als in Capri. Pepe Domenico stellt gute süße Naschereien her, besonders der Zitronenkuchen passt gut zum Cappuccino.

Mamma Giovanna: Via Boffe 3, Tel. 08 18 37 20 57, in der Nebensaison Mi geschl., günstig. Direkt neben der Kirche Santa Sofia liegt das nette Lokal von Mamma Giovanna. Es gibt einfache Pizza ab 4,50 €. Man sitzt mitten im Ort und kann den Einheimischen beim Schwätzchen lauschen, wenn sie sich auf dem Kirchplatz auf den ungewöhnlichen, völlig mit Majolika-Fließen verzierten Bänkchen niederlassen.

Materita: Piazza A. Diaz, Tel. 08 18 37 33 75, in der Nebensaison Di geschl., günstig. An der Piazza Diaz treffen sich abends die Einheimischen, in der Pizzeria sitzt man direkt daneben. Zu empfehlen ist die Pizza napoletana DOC (5 €). Um die DOC-Bezeichnung zu erhalten, muss sie aus den traditionellen Zutaten gemacht werden: Büffelmozzarella, Tomaten San Marzano und Olivenöl Extra Vergine.

Trattoria Il Solitario: Via G. Orlandi 96, Tel. 08 18 37 13 82, günstig. Zu der kleinen Trattoria gelangt man über einen gewunden Weg durch einige Gärten. In dieser kleinen Oase sitzt man dann zwar im Ortszentrum, aber doch weitab von allem Trubel, ganz schattig und ruhig. Das Essen ist eher schlicht, aber gut und zudem

Das Restaurant im äußersten Südwesten zählt zu den romantischsten Stellen der ganzen Insel. Sonnenuntergang bis zur letzten Sekunde! Man isst am besten Fisch, oder die etwas ungewöhnliche Kombination: Calamari mit Kartoffeln (9,50 €). Im August kann man nach dem Essen noch an der Piano-Bar schmachten. Zurück mit dem Bus oder per Taxi. Reservieren!

La Rondinella: Via Giuseppe Orlandi 245, Tel. 08 18 37 12 23, moderat.
Zwar ohne Meerblick, aber auf einer hübschen Terrasse kann man hier neapolitanische Pizza aus dem Holzofen speisen oder aber die Spezialität der Küche, Linguine Ciamurra, mit Hummer und grünen Oliven (14 €).

Add ò Riccio: Alla Grotta Azzurra, Via Gradola 4, Tel. 08 18 37 13 80, tgl. mittags geöffnet, in der Hochsaison auch abends, teuer.

nicht teuer. So kosten z. B. Tagliatelle alla bolognese 5,50 €.

Il Cucciolo: Nuova Traversa Veterino 50, Tel. 08 18 37 19 17, tgl. mittags und abends geöffnet, Nebensaison Di Ruhetag, moderat.
Man erreicht das Restaurant nach einem viertelstündigen Spaziergang von der Piazza A. Diaz aus (wie zur Villa Damecuta, s. S. 37f.). Der Weg lohnt sich, zum Beispiel für das Kalbschnitzel in Zitronensauce (6 €). Ohne die gute Küche schmälern zu wollen: Der Weg lohnt sich vor allem wegen der herrlichen Aussicht Richtung Vesuv im Gartenlokal.

Lido del Faro: Punta Carena, Tel. 08 18 37 17 98, Ostern–Ende Okt. tgl. mittags, ab Juni an den Wochenenden auch abends, im Aug. jeden Abend, moderat.

Nightlife

Capri erlebt einen Boom wie in den 50er Jahren: Die Reichen und Schönen sind zurückgekehrt auf die Insel – und mit ihnen ein pulsierendes Nachtleben. Zu den angesagten Diskos gehört Underground, das der Film-Set-Designer Roberto De Angelis eingerichtet hat. Im Sommer beach parties. Via G. Orlandi 259, Anacapri, Tel. 08 18 37 25 23

Obwohl direkt an der Touristen-attraktion Capris schlechthin, der Blauen Grotte, gelegen, isst man hier sehr gut. Unbedingt probieren sollte man die Linguine mit Meeresfrüchten, sie schmecken, als habe sie ein Fischer direkt aus der Grotte geholt. Wer größere Ausgaben nicht scheut, kann hier frische, auch seltene Fische ordern, sie kosten bis zu 50 € das Kilo. Während man die fangfrischen Gerichte genießt, kann man dem Getümmel der wartenden Ruderboote vor der Grotte zusehen.

La Bottega dell'Arte:
Via Catena 2–4,
Tel./Fax 08 18 37 18 78
Mit Abstand der bekannteste Kunsthandwerker von Capri. Unter anderem stammen von Sergio Rubino die Majolika-Bänke am zentralen Platz von Anacapri. Anfang der 90er Jahre des 20. Jh.

wanderte Rubino nach New York aus, später eröffnete er in Jeffersonville, NY, Rubino's Art Village, doch 1998 kehrte er reumütig nach Capri zurück. »Nur hier kann man leben«, erklärt er kategorisch.

SM Parfums: Via Axel Munthe 1. Im vorderen Verkaufsraum erklären junge Mädchen, wie die Parfums gewonnen werden – aus tausenden von Blüten aus Capri; im hinteren Raum kann man sich eigene Mischungen aus gläsernen Ampullen abfüllen lassen. Eine der beliebtesten Kreationen ist Capri Azzurra, ein frischer Limonenduft.

L'Arte del Sandolo Caprese:
Via G. Orlandi 75,
Tel. 08 18 37 35 83.
Antonio Viva ist einer der letzten Schuster in Anacapri, der noch die typischen, flache Sandalen herstellt. Ob seine jungen Söhne das Handwerk weiterführen werden,

Verborgene Oase: Trattoria Il Solitario

ist wohl eher unwahrscheinlich. Viva sitzt meistens vor seinem Laden, und man kann ihm dabei zusehen, wie er Sandalen herstellt.

Eclisse: Via G. Orlandi 77, Tel. 08 18 37 16 81.
Die beiden Schwestern Erminia und Francesca fertigen handbemalte Keramik, Aquarelle und T-Shirts, alles auch auf Bestellung mit persönlichen Motiven.

Limoncello di Capri: Via Capodimonte 27, Tel. 08 18 37 29 27.
Schon Großmutter Vincenza Canale, die eine der ersten Hoteliers von Capri war, braute Zitronenlikör. Limoncello di Capri ist heute ein eingetragenes Warenzeichen und behauptet von sich, der einzig wahre Zitruslikör zu sein; in der kleinen Werkstatt hinter dem Laden kann man sehen, wie er hergestellt wird.

D'Esposito G.: Piazza Vittoria 13. Das übliche Zeitschriftengeschäft, allerdings mit einer großen Auswahl internationaler Zeitungen und Zeitschriften – und es gibt seltene Fotobatterien zu kaufen.

Pane, Amore e…:
Via G. Orlandi 117.
Hinter dem poetischen Namen verbirgt sich ein gut sortierter Obst- und Gemüseladen.

Lavanderia Orchidea:
Via Caprile 50.
Wenn man genug davon hat, Blusen im Handwaschbecken des Hotels zu waschen, bringt man sie zu Carmela und holt am nächsten Tag alles fein gebügelt wieder ab. (Eine Bluse: 2,50 €)

 13. Juni: Anacapri feiert seinen Schutzheiligen, Sant'

Antonio Viva bei der Arbeit

Antonio. Verkaufsstände, Straßenmusikanten, Folkloredarbietungen und Markt auf der Piazza Diaz.
15. August: Wallfahrt zur Kapelle Santa Maria a Cetrella.
7./8. September: Volksfest vor der Kapelle Santa Maria a Cetrella. Während des Sommers zahlreiche **Freilichtkonzerte,** zum Beispiel im Park der Villa San Michele, Informationen beim Fremdenverkehrsamt.

Von der Piazza Vittoria aus fahren die Busse von 6.30–24 Uhr etwa halbstündlich hinunter nach **Capri** und 1–2x stündlich zur **Marina Grande.** Meist gibt es an der Haltestelle lange Warteschlangen.
In Caprile starten die Busse zur **Blauen Grotte,** zum **Leuchtturm** (Faro) und auch nach **Capri,** wer also ohnehin im Ortseil Caprile unterwegs ist und danach nach Capri möchte, steigt besser schon hier ein. Jede einzelne Strecke –

Faszinierendes Farbspiel: Grotta Azzura

ob von der Marina Grande nach Capri, von Capri nach Anacapri, oder von Anacapri zur Blauen Grotte – kostet gleichviel: 1,50 €. Eine Seilbahn verbindet von April bis Oktober Anacapri mit dem Gipfel des nahen **Monte Solaro:** 9 Uhr bis eine Stunde vor Sonnenuntergang, die einfache Fahrt kostet 4,50 €.

Capri

Lage: H 4
Einwohner: 7500

Capri ist nicht nur eine Insel, sondern auch ein Ort: Capri heißt nämlich auch das größere der beiden Dörfer auf der Mittelmeerinsel. Am schönsten erreicht man es mit der Zahnradbahn, der Funicolare, die Besucher vom Hafen direkt auf die Piazza Umberto I. befördert. Hier schlägt das Herz der Insel; beinahe rund um die Uhr ist der Platz Treffpunkt aller Capresen, von Einheimischen ebenso wie von Besuchern. Nur Gruppen dürfen auf der Piazzetta, wie sie genannt wird, nicht verweilen; da sie keine großen Menschenmengen fassen kann, erließ Capris

anstalt gegründet, ›Canzone del mare‹, in den 50er Jahren des 20. Jh. traf sich hier die vornehme Welt. Bis heute findet man hier die meisten Liegestühle und Umkleidekabinen der gesamten Insel – ein freies Fleckchen Strand zu ergattern, an dem man keinen Eintritt bezahlt, ist da schon manchmal schwieriger.

Als Folge andauernder Piratenüberfälle seit dem 9. Jh. zogen sich die Inselbewohner auf die Hochfläche zurück und gründeten dort den neuen Ort. Um sich gut verteidigen zu können, rückten die Häuser recht eng zusammen, dieser wehrhafte Charakter blieb bis heute erhalten und ist besonders gut bei Spaziergängen im Altstadtviertel oberhalb der Kirche Santo Stefano zu erkennen.

Wer nur als Tagesausflügler nach Capri kommt – wie Dreiviertel aller Besucher – erlebt die Insel und den kleinen Ort im größten Trubel. Richtig schön wird es jedoch erst, wenn abends die letzte Fähre abgelegt hat und man in aller Ruhe durch die Gassen schlendert – und ganz gemütlich einen Aperitif auf der Piazzetta trinkt und so einen lauen Sommerabend beginnen kann.

Piazza Umberto I: Das Herz von Capri-Stadt und der ganzen Insel. Auf der Piazzetta trifft man sich zu jeder Tages- und Nachtzeit. Da der Platz wirklich nicht groß ist, erließ Capris Bürgermeister vor einigen Jahren ein Verbot: Besuchergruppen dürfen auf der Piazzetta nicht verweilen. Rund um den Platz reihen sich vier Cafés, im Uhrzeigersinn: Caffee Caso, N. 4, Al Piccolo Bar; N. 5, Gran Caffee, N. 14, Bar Tiberio, N. 18.

Bürgermeister vor einigen Jahren dieses Verbot.

Im Grunde hat das Städtchen Capri zwei weitere Ortsteile, Marina Grande und Marina Piccola. Ersteres ist der Hafen, an dem alle Fähren und Boote anlegen. Vermutlich ließen sich in Marina Grande die ersten Siedler der Insel nieder, heute besteht es hauptsächlich aus einer geschäftigen Ladenzeile längs der Anlegestelle. Marina Piccola liegt gegenüber, an der Südküste der Insel. Aus dem einstigen Fischerdorf wurde das wichtigste Seebad auf Capri. Schon 1933 wurde die erste Bade-

Kirche Santo Stefano: Die byzantinischen Kuppeln verleihen der Pfarrkirche an der Piazza Umberto I ein recht orientalisches Aussehen. Sie wurde Ende des 16. Jh. über einem älteren Bau errichtet und von 1685 bis 1723 barockisiert. Schmuckstück des Inneren sind Bodenmosaiken am Hauptaltar und in der linken Chor-Apside; sie stammen aus den römischen Tiberiusvillen Villa di Tragara und Villa Jovis.

Santa Teresa / Convento delle Teresiane: Das Theresianerinnenkloster liegt westlich der Piazzetta, etwas oberhalb der Via Roma. Es entstand als Stiftung der 1621 in Neapel geborenen Suor Serafina di Dio. Ihre fanatische Religiosität brachte sie mit dem Klerus in Konflikt, sie wurde von der Inquisition wegen Ketzerei angeklagt. 1661 wurde mit dem Bau des Klosterkomplexes begonnen, der heute eher unauffällig wirkt und fast verschwindet in den Mauern der Altstadt. 1808 wurde das Kloster als Kaserne benutzt, jetzt ist es bewohnt, den Kreuzgang kann man besichtigen, indem man durch die seitwärts gelegene Türe eintritt. Die gesamte Anlage ist in keinem besonders guten Zustand.

Certosa di San Giacomo:
Tgl. außer Mo 9–14 Uhr,
Eintritt frei.
Die Gründung des Klosters geht auf das 14. Jh. zurück; Giacomo Arcucci, Sekretär der Königin Johanna I. von Neapel gelobte eine Klostergründung, wenn ihm ein Sohn geboren werde. Das war 1365 der Fall, und er stiftete das Kloster. Im 16. Jh. wurde es durch Piratenüberfälle erheblich beschädigt und wieder neu aufgebaut, aus dieser Zeit stammt der große Kreuzgang. Als Capri 1808 an die Franzosen fiel, wurde das Kloster säkularisiert und verfiel zusehends.

Von frühen Restaurierungsarbeiten erzählt um 1860 der Historiker Ferdinand Gregorovius der neugierigen Nachwelt: »Das Mädchen von Capri ist das eigentliche Lastthier der Insel. Es kam vor 14 Tagen ein neapolitanisches Schiff an die Insel und lud auf der Marina eine Fracht von Tuffsteinen aus, welche zum Ausbau des alten Klosters dienen sollten. Diese Steine wurden sämmtlich innerhalb fünf Tagen auf Mädchenköpfen nach dem Kloster befördert. Die Mädchen trugen zwei übereinander, die schwächeren nur einen. Mich von dem Gewicht zu überzeugen, hob ich einen dieser Steine, und mit aller Kraft beider Arme gelang es mir, ihn so hoch zu erheben, dass ich einen dieser reizenden Köpfe belasten konnte, und das dünkte mich ein sehr unritterlicher Dienst zu sein.«

In dem ehemaligen Kartäuserkloster sind heute die Stadtbibliothek und ein Museum sowie eine Sammlung der schwermütigen, düsteren Gemälde des deutschen Malers Karl Wilhelm Diefenbach untergebracht. Man kann den kleinen Kreuzgang, die Kirche und die Museen besichtigen (s. S. 50).

Giardini di Augusto: Die Augustusgärten liegen an der Via Matteotti oberhalb der Certosa. Der Park hat mit Kaiser Augustus allerdings nichts zu tun, er stammt nämlich nicht aus römischer Zeit, sondern wurde erst viel später angelegt. Der deutsche Industrielle Alfred Krupp ließ ihn an der Wende zum 20. Jh. gestalten, später machte er ihn öffentlich zugänglich und übereignete ihn der Gemeinde, die der Gartenanlage schließlich den römisch angehauchten Namen gab. Der Garten ist eine schöne Mischung aus wilder Mittelmeervegetation und angelegten Beeten. Von den unterschiedlichen Terrassen hat man einen guten Blick auf die Steilküste und die Serpentinenstraße Via Krupp. Leider ist der Park tagsüber meist überlaufen, am schönsten ist er, wie die meisten Sehenswürdigkeiten auf Capri, in den Morgenstunden oder nach der Abreise der Tagestouristen. (Extra-Tour 2, s. S. 86f.)

Via Camerelle: In der Nobel-Shoppingmeile von Capri reihen sich die Boutiquen aller großen Modemacher aneinander. Da das Sträßchen zudem einer der wenigen ebenen Wege der Insel ist, kann man hier schön flanieren – was denn auch viele tun. Geht man die Via Camerelle weiter, gelangt man zur schönen Aussichtspromenade Tragara.

Casa Rossa: Wenngleich die Casa Rossa von Anacapri bekannter ist, so hat doch auch Capri ein ›Rotes Haus‹ zu bieten. Es steht in der Via Longano an der Ecke zur Via Supramonte, hier wohnten zwei Berühmtheiten: der russische Schriftsteller Maxim Gorki und Emil von Behring. Der deutsche Arzt entwickelte Impfstoffe gegen Diphterie und Tetanus. Das ›Rote Haus‹ kann nicht besichtigt werden.

Kater Hiddigeigei

Eine Sehenswürdigkeit, die es nicht mehr gibt. Kater Hiddigeigei hieß ein, vor allem bei Deutschen beliebtes Lokal in der Via Emanuele. Der Name rührt von Joseph Viktor von Scheffels Verspoem ›Der Trompeter von Säckingen her‹, in dem dieser Kater auftaucht. Scheffel verfasste sein Werk 1853 während eines längeren Aufenthaltes auf Capri, in der Zueignung schrieb er: »Wer ist dort der blonde Fremde, / Der auf Don Pagano's Dache / Wie ein Kater auf und ab geht?« / Frug wohl manch ehrsamer Bürger / In dem Inselstädtlein Capri, / Wenn er von dem Markte rückwärts / Nach der Palme und den maurisch / Flachgewölbten Kuppeldache sah. // Und der brave Don Pagano/ Sprach: »Das ist ein sonderbarer / Kauz und sonderbar von Handwerk; / Kam mit wenigem Gepäck an, / Lebt jetzt stillvergnügt und einsam, / Klettert auf den schroffen Bergen, / Wandelt zwischen Klipp' und Brandung / Ein Strandschleicher, an dem Meere, / Hat auch neulich in den Trümmern / Der Tiberiusvilla mit dem / Eremiten scharf gezecht.« In dem einstigen Lokal befindet sich heute ›Pic Nic‹, eine Snackbar, Via Vittorio Emanuele 25.

Cimitero Acattolico: Dieser ›unkatholische‹ Friedhof liegt direkt neben dem katholischen an der Straße von Capri nach Marina Grande, kurz nach der Abzweigung nach Anacapri. Da Nicht-Katholiken auf dem katholischen Friedhof nicht bestattet werden konnten, stiftete 1878 der Zugereiste George Hayward diese Ruhestätte. Hier liegen viele Deutsche, Engländer und andere Zuzügler, so zum Beispiel Baron Jacques Fersen, der durch Selbstmord aus dem Leben schied und somit ohnehin nicht in katholischer Erde hätte bestattet werden können.

Villa Fersen: Der französische Dichter Jacques d'Adelswaerd Fersen (1880–1923) baute sich am nordöstlichen Zipfel der Insel eine Villa. Jahrelang schien man darauf zu warten, dass das wunderschöne Haus im Laufe der Zeit vollends zerfallen oder die Steilküste hinunterstürzen würde, nun wurde es aber doch noch restauriert (s. S. 51).

Marina Piccola: Als der deutsche Historiker Ferdinand Gregorovius im 19. Jh. auf die Insel kam, war Marina Piccola noch ein beschauliches Plätzchen. Gregorovius schrieb: »Man kann hier wohl stundenlang, wie vom Meeresduft betäubt, auf den Klippen liegen und das grüngoldene Wasser ansehen; das wogt und wallt unten, flimmert und atmet, saust von Fittigen in stiller Luft, und unausgesetzt tönt das sommerliche Singen der Cicade, deren Lieder die Luft zu durchschillern scheinen, wie fliegende Sonnenstäubchen und wie das Flimmern der Hitze um die Felsen. Licht, Luft und Duft durchdringen alle Sinnen; das Gemüt sättigt sich mit Einsamkeit.« Heute findet man so eine Stimmung nur noch außerhalb der Badesaison, denn Marina Piccola ist der größte Badeort der mit Stränden nicht eben verwöhnten Insel. Man kommt nach Marina Piccola mit dem Bus von Capri aus. Sehr schön ist aber auch der Spazierweg Via Mulo, der unterhalb der Straßenkreuzung Marina Grande / Marina Piccola beginnt.

Faraglioni-Felsen: Vom Belvedere di Tragara aus führt ein steiler Weg hinunter zu den berühmtesten Felsen der Insel. (s. S. 54)

Kirche San Costanzo: Die Kirche des Schutzpatrons von Capri steht etwas oberhalb der Marina Grande, hier soll sich die ursprüngliche Siedlung Capri befunden haben. Interessant ist der Zentralkuppelraum aus spätbyzantinischer Epoche; die Säulen und Kapitelle stammen teilweise aus römischen Ausgrabungen und wurden hier wiederverwendet. Die Reliquie des hl. Constantinus kam vermutlich bereits im 8. Jh. nach Capri.

 Centro Caprese Ignazio Cerio: Piazzetta Cerio 5, Tel. 08 18 37 66 81, Fax 08 18 37 08 58, im Sommer Di, Mi, Fr, Sa 10–14, Do 15–19 Uhr, sonst Di–Sa 10–14 Uhr, Eintritt frei

Das Museum zeigt 20 000 archäologische und Natur-Fundstücke aus Capri, außerdem gibt es ein umfangreiches Herbarium mit 500 Spezies.

Einsteigen bitte: »sonnentaugliches« Taxi in Capri

Marina Piccola: Einfach mal abtauchen...

Museum Diefenbach: tgl. außer Mo geöffnet, von 9 Uhr bis 1 Std. vor Sonnenuntergang, Eintritt frei.

Der 1851 im deutschen Hadamar geborene Maler Karl Wilhelm Diefenbach kam 1900 auf die Insel Capri, die Sammlung seiner großformatigen und schwermütigen Gemälde ist in einem Nebenraum der Certosa di San Giacomo untergebracht.

Bagno di Tiberio (F 2): Eintritt 5 €

Badestrand an der Nordküste von Capri, auf halber Strecke zwischen Marina Grande und der Blauen Grotte.

Bagni Internazionali (G 5): Marina Piccola, Eintritt mit Liegestuhl 8 €

Der Strand gehört zum gleichnamigen Restaurant.

Da Gioia (G 5): Eintritt 8 €

Auch hier gibt es ein gleichnamiges Lokal, die Badeanlage ist etwas einfacher und liegt westlich der Bagni Internazionali.

La Canzone del Mare (H 5): Via Marina Piccola 93, Eintritt 10 € (in der Hauptsaison 12,50 €) für Liegestuhl etc.

Das teuerste (und älteste) Strandbad auf Capri. Allerdings hat man dafür die Aussicht auf die Faraglioni sowie einen großen Pool. Letzterer ist dann angenehm, wenn die Küste der Insel von Quallen heimgesucht wird, was leider recht oft der Fall ist.

Spiaggia Libera (G 5):

Marina Piccola, Eintritt frei.

Selten genug, dass man auf Capri ein paar Quadratmeter am Meer findet, für die man keinen Eintritt bezahlen muss. An der Marina Piccola gibt es einen kleinen freien

Kies-Strand, zwar ohne Dusche, aber mit einem Wasserhahn, der Trinkwasser ausspuckt.

Spiaggia Da Luigi (K 5/6):
Via Faraglioni 5. Eintritt mit Liegestuhl 8 €, mit Liegebett 10 €, Schirm extra.
Der Felsen-Strand zu Füßen der Faraglioni; gute Schwimmer können bis zu den Klippen hinausschwimmen. Nach dem Sport kann man seinen Hunger im Restaurant stillen.

La Fontelina (K 6): Via
Faraglioni 3, Tel. 08 18 37 08 45. Tagsüber geöffnet, Mitte April–Mitte Okt., Eintritt mit Liegestuhl 10 €, der Schirm zusätzlich 5 €
Der ruhige Privatstrand – Radios und Hunde verboten – gehört zum gleichnamigen Restaurant bei den Faraglioni. (s. S. 62f.)

Motorroller-Verleih:
Via Marina Grande 280, Tel. 08 18 37 79 41.

Bootsverleih: Marina Piccola, Via Mulo 63, Tel. 08 18 37 02 21. Verleih von Kanus (ca. 25 € am Tag, auch stundenweise) und Gummibooten mit Außenbordmotor in verschiedener Größe (ab 25 €/Stunde).

banana sport: Marina Grande, Tel. 08 18 37 51 88.
Boots-Verleih und Vermietung von Kajaks, außerdem kann man diverse Wasser-Fun-Boards leihen.

Villa Fersen (L 2): Die Villa Fersen, auch Villa Lysis genannt, liegt in der nordöstlichen Ecke von Capri. Von der Piazzetta aus spaziert man durch die Via Le Botteghe, zur Via Croce und dann in die Via Tiberio. Schließlich biegt man links in die Via Lo Capo (man folgt den Schildern zum Lokal La Savardina). Am Ende, nach etwa einer halben Stunde insgesamt, steht man vor der schmucken Villa, sie ist heute in Privatbesitz. Das Anwesen gehörte dem französischen Baron Jacques d'Adelswaerd Fersen, er war homosexuell und hatte deshalb Frankreich verlassen müssen. Die Villa ließ er 1905 in neoklassizistischem, prachtvollem Stil erbauen und bewohnte sie fast 20 Jahre lang mit seinem Lebensgefährten, einem römischen Zeitungsjungen. 1923 nahm er sich mit einer Überdorsis Kokain das Leben. Die Villa kam in den vergangenen Jahren ziemlich herunter und war dem Einsturz nahe, nun wurde sie stilgemäß renoviert. Man kann sie nicht besichtigen, muss aber dennoch nicht gleich umkehren sondern kann hinuntersteigen zum Punto del Capo.

Punto del Capo (L 2): Ein steiler, stellenweise abenteuerlicher Weg führt links von der Villa Lysis hinunter zum Meer (ca. 2 Std. hin und zurück). Die Treppen sind ausgetreten, und man sollte trittsicher sein, wenn man hinunter will. Belohnt wird man mit einer felsigen Bucht, die man meist nur mit einem teilen muss: dem *scugnizzo*. Die Bronze-Skulptur sitzt auf einem Felsen, schaut aufs Meer und lässt den Tag vorüberziehen. Gerade so wie die echten *scugnizzi* eben, die Straßenjungs von Neapel.

Arco Naturale (K 4): Der Arco Naturale ist eine auffällige Kalksteinformation, er liegt im äußersten Osten der Insel. Man spaziert von der Piazzetta über die Via Le Botteghe in die Via Matermania und folgt den Majolika-Kacheln zum Arco Naturale. Man erreicht das natürliche Felsentor nach etwa einer halben Stunde. Ein großartiger Aussichtsplatz: 200 m weiter unten schillert das türkisfarbene Meer, steil fällt die Küste ab.

Grotta di Matromània (K 4): Geht man vom Arco Naturale zurück bis zur Trattoria Le Grottelle, kann man hinabsteigen zur Grotta di Matromània. Die Höhle ist eine der wenigen zugänglichen Grotten auf Capri. Man geht etwa 200 steile Treppen hinunter und steht in der kalkigen Halle. Auffällig sind die antiken Mauerreste, auch wenn nicht mehr viel zu erkennen ist, nimmt man an, dass die Höhle ein Nymphäum der Römer war, also ein Quellheiligtum. Man wird auf Karten immer wieder leicht verschiedene Namen finden, von Matromània über Matermania bis Matrimonia. Die Ursprünge sind nicht ganz geklärt,

und Deutungen reichen von *Magna mater,* also der Großen Mutter geweiht, bis zum Hinweis auf den orientalischen Gott Mithras.

Casa Malaparte (L 5): Geht man von der Grotta di Matromània den Weg weiter, bewegt man sich oberhalb der auffälligen Landzunge Punto Massullo, auf der die spektakulärste Villa von Capri steht: Casa Malaparte, ›Casa come me‹ – ein Haus wie ich – nannte der Schriftsteller Curzio Malaparte sein Anwesen. Es ist nicht zu besichtigen, alle Versuche enden vor Toren mit grimmigen Verbotsschildern. Malapartes drei berühmteste Werke sind die beiden Romane ›Kaputt‹ und ›Die Haut‹ – sowie dieses Haus. In seinem zweiten Roman behauptet er, Erwin Rommel habe ihn dort besucht, als dieser ihn fragte, ob er das Haus so gekauft oder erst gebaut habe, lautete Malapartes Antwort: »Das Haus stand schon, ich habe die Landschaft entworfen.« Eine nicht gerade bescheidene Antwort, lässt man den Blick über die spektakuläre Küstenlinie schweifen.

Belvedere Cesina (J 3): Der Aussichtspunkt liegt nordöstlich oberhalb der Marina Grande. Der viertelstündige Spaziergang startet in der Via Longana an der Piazzetta, man erreicht bald die Via Sopramonte, von dieser zweigt eine steile Treppe ab. Durch Wohngebiet steigt man bergauf, Besucher verirren sich kaum hierher. Am Ende steht man weit oberhalb der Marina Grande, hat einen schönen Blick auf den Hafen und die gegenüber aufsteigende Scala Fenicia. Leider, das als Warnung, ist die Umgebung dieses wenig be-

Eigenwillig: Casa Malaparte

kannten Aussichtspunktes eine rechte Müllhalde.

Belvedere Cannone (H 5): Einer der schönsten Aussichtsplätze der Insel, und dennoch selten überlaufen. Man erreicht ihn von der Piazzetta in Capri, indem man durch mittelalterliche Gassen spaziert: am leichtesten zu finden, wenn man bei der Kirche Santo Stefano rechts den Schildern zur Pizzeria Da Gemma folgt, anschließend weiter durch die Via Castello immer den Schildern zum Belvedere Cannone nach. Wie beliebt die Stelle schon im 19. Jh. war, zeigt Gregorovius' Begeisterung: »... Doch was sind alle Raritäten des Altertums gegen diesen Blick vom Hügel Castello in das selige Meer Siciliens, in den immer blauen Golf von Neapel, und auf die majestätische Felsenbildung AnaCapris.« Besonders hübsch ist der Blick auf die Giardini di Augusto – in denen sich die Menschen ballen und gegenseitig die Aussicht versperren...

Via Krupp (H 5): Nach umfangreichen Restaurierungsarbeiten wurde die Via Krupp 1999 endlich wieder geöffnet. Gefährlicher Steinschlag hatte zu Unfällen, sogar zu Todesfällen geführt, nun kann man den spektakulär in die Felswand gebauten schmalen Weg wieder begehen. Der deutsche Industrielle Friedrich Alfred Krupp, der ihn bauen ließ, verbrachte ab 1898 regelmäßig den Winter auf Capri. 1902 wurde der Weg nach Plänen des Ingenieurs Emilio Mayer gebaut, dieser hatte auch die Fahrstraße von Capri nach Anacapri entworfen. Die Via Krupp gilt als technische Meisterleistung, in unglaublich engen Spitzkehren schlängelt sie sich die steile Felswand hinunter. Sie beginnt bei den Giardini di Augusto und endet in Marina Piccola.

Scala Fenicia (F/G 3): Die Scala Fenicia (auch Scale Fenice) beginnt nahe der Kirche San Costanzo und führt zur kleinen Kapelle Sant'Antonio, die heute etwas unterhalb der Fahrstraße, am Ortseingang von Anacapri liegt (s. S. 34f.).

Belvedere di Tragara (J 5): Besonders bei älteren Besuchern auf Capri ist dieser Spazierweg beliebt, kein Wunder, er führt von der Ortsmitte fast eben aus Capri-Stadt hinaus, eine wahre Seltenheit auf der Insel mit ihrem sonst steilen Treppauf, Treppab. Von der Piazzetta geht man die Via Vittorio Emanuele hinab und biegt beim Hotel Quisisana in die Via Camerelle ein. Am Ende dieser für Capri relativ breiten Straße geht es kurz links den Berg hinauf, dann befindet man sich schon auf der ebenen Via Tragara. Immer weniger Häuser säumen den Weg, große Gartenanlagen sind zu sehen, nach weiteren 15 Min. ist man am Belvedere di Tragara angelangt. Man befindet sich direkt oberhalb der Faraglioni-Felsen.

Faraglioni-Felsen (K 6): Die drei hochaufragenden Felsen zählen zu den Wahrzeichen der Insel. Die bizarren Felsformationen liegen vor der Südostküste, am besten sieht man sie vom Aussichtspunkt Belvedere di Tragara und von der Marina Piccola. Am schönsten sehen sie aber vom Wasser her aus, was eine Bootsrundfahrt rund um die Insel zweifellos beweist.

Villa Jovis (L 3): 9–19 Uhr (bis 1 Std. vor Sonnenuntergang), Eintritt 2 €
Die am besten erhalten Villa des Kaisers Tiberius auf der Insel. Ein ca. einstündiger Spaziergang führt von Capri-Stadt aus hierhin. Der Weg ist mit Keramik-Kacheln ausgeschildert. (s. Extra-Tour 4, S. 90f.)

Parco Astarita (L 3): ganzjährig 8–18 Uhr, Eintritt frei.

Von dem kleinen Park bieten sich atemberaubende Tiefblicke und eine schöne Sicht zum Festland.

Adressen und Tipps

 Acienda Autonoma di Cura Soggiorno e Turismo: Piazza Umberto 1, Tel. 08 18 37 06 86, Fax 08 18 37 09 18, ganzjährig 9–13, 15.30–18.30 Uhr. Marina Grande: Banchina del Porto, Tel. 08 18 37 06 34. www.capritourism.com, touristoffice@capri.it

 Belvedere e Tre Re: Via Marina Grande 238, Tel. 08 18 37 03 45, Fax 08 18 37 88 62, www.belvedere-tre-re.com, ganzjährig geöffnet außer 1.11.–15.12. und 10.1.–15.3., günstig.
Wer gerne baden möchte, ist hier besser aufgehoben als im Ortszentrum. Das einfache Hotel liegt ganz in der Nähe des Strandes – aber an der etwas lauten Straße.

Belsito: Via Matermania 11, Tel. 08 18 37 09 69, Fax 08 18 37 66 22, www.hotelbelsito.com, ganzjährig geöffnet, günstig.
Die Zimmer dieser großen Pension sind schon etwas verwohnt. Das Haus hat Charme, sollte aber mal renoviert werden. Am besten gleich Halbpension buchen, s. Restaurant S. 60.

Florida: Via Fuorlovado 34, Tel. 08 18 37 07 10 oder 08 18 37 04 97 Fax 08 18 37 00 42, h.florida@capri.it, April–Okt., günstig.
Die kleine Familienpension zählt wegen ihres guten Preis-Leis-

Schwindel erregend: Via Krupp

Literatur auf Capri

Capri ist zu spektakulär, als dass die Insel von Dichtern unbeachtet hätte bleiben können. Deutschlands berühmtester Italien-Reisender musste sie zwar links liegen lassen, Goethes Schiff kam am 14. Mai 1787 in Seenot, als »er auf der Höhe von Capri segelte«, aber auch ohne ihn wurde viel über das Eiland gedichtet. Doch dabei scheint: Capri ist nicht leicht in Worte zu fassen. Vielen blieb die (dichterische) Sprache weg, und sie schrieben nur Mittelmäßiges. Ferdinand Gregorovius, der Kulturhistoriker, zählt zu den rühmlichen Ausnahmen, sein Werk ›Die Insel Capri‹ von 1868 liest sich bis heute ganz wunderbar: Man nehme nur dies: »Es gibt nichts Herrlicheres, als auf dieser schönen Scholle umherzuschlendern, an den Klippen entlang zu klettern, oder am duftigen Meer zu spazieren, wo die Wellen wolig rauschen und das ausatmende Seegras diesen scharfen, fast betäubenden Meeresgeruch verbreitet.«

1826 war der Dichter und Maler August Kopisch in die Blaue Grotte geschwommen – und legte mit seiner Veröffentlichung darüber den Grundstein für den Capri-Tourismus. Ins Gästebuch seines Wirtes schrieb er: »Freunde wunderbarer Naturschönheiten mache ich auf eine von mir nach den Angaben unseres Wirtes Giuseppe Pagano mit ihm entdeckte Grotte aufmerksam, welche furchtsamer Aberglaube Jahrhunderte lang nicht zu besuchen wagte.«
Ein Kleinod ist Rainer Maria Rilkes Gedicht aus dem Frühjahr 1907 ›Lied vom Meer‹, das den Ortshinweis »Capri. Piccola Marina« trägt. Rilke wohnte im Rosenhäusl im Garten der Villa Discopoli und war von Capri nachgerade begeistert: »Denn es kann keine Landschaft griechischer sein, kein Meer von antiken Weiten erfüllter als Land und Meer, wie ich sie auf meinen Wegen in Anacapri zu schauen und zu erfahren bekomme.«

tungsverhältnisses zu den begehrten Adressen. Die meisten Zimmer haben einen kleinen Balkon, man sieht das (entfernte) Meer, das Frühstück wird im reizend gepflegten Garten serviert.

Pensione Guarracino:
Via Mulo 13,
Tel./Fax 08 18 37 71 40,
ganzjährig geöffnet, günstig.
Die etwas groß geratene Familienpension liegt auf halbem Weg

zwischen der Ortsmitte von Capri und der Marina Piccola – also ganz geschickt, wenn man auch mal ein Bad im Meer nehmen möchte. Die Möblierung der Zimmer ist preisgemäß schlicht, hier wohnen viele junge Leute.

Canasta: Via Campo di Teste 6, Tel. 08 18 37 05 61, Fax 08 18 37 66 75, canasta@capri.it, 15. März–15. Jan., moderat.
Die frisch renovierten Zimmer sind großzügig bemessen und mit hübschen Majolika-Fließen ausgestattet. Frühstück unter Zitronenbäumen.

Esperia: Via Sopramonte 41, Tel. 08 18 37 02 62, Fax 08 18 37 09 33, ganzjährig geöffnet, moderat.
Zimmer 25 sollte man hier buchen: Dann hat man eine kleine Privat-Terrasse mit Blick auf den ganzen Ort, aber auch von den anderen Zimmern kann man von kleinen Balkonen aus weit schauen.

Hotel Italia: Via Marina Grande 204, Tel. 08 18 37 06 02, Fax 08 18 37 03 78, April–Okt., moderat.
Der etwas hochtrabende Name führt in die Irre, das Hotel ist eine etwas zu groß geratene Pension. Hier wohnt man sehr schlicht, zudem an der Straße, aber zum Hafen ist es nicht weit.

Gatto Bianco: Via Vittorio Emanuele 30, Tel. 08 18 37 02 03, Fax 08 18 37 80 60, h.gattobianco@capri.it, Anfang April–Ende Okt., moderat.
Das Hotel liegt mitten im Zentrum von Capri. Die Ausstattung ist dem Preis angemessen, alle Zimmer haben einen Balkon.

Hotel Villa Krupp: Viale Matteotti 12, Tel. 08 18 37 03 62 oder 08 18 37 74 73 Fax 08 18 37 64 89, Anfang März–Ende Okt., moderat.
Hier wohnte Maxim Gorki und später auch Lenin; letzteren verschweigt der Hotelprospekt jedoch. Die Villa wurde in den 60er Jahren des 20. Jh. in ein Hotel umgebaut, die Lage ist traumhaft, direkt oberhalb der waghalsigen Via Krupp, mit herrlichem Blick auf die Faraglioni.

Capri: Via Roma 71, Tel. 08 18 37 00 03, Fax 08 18 37 89 13, www.caprionline.com/capri ganzjährig geöffnet, teuer.
Vom etwas schäbigen Äußeren sollte man sich nicht täuschen lassen, das Capri ist ein Vier-Sterne-Hotel und wird hauptsächlich von Reisegruppen gebucht. Wunderschön ist das alte, große Treppenhaus, das mit vielen Antiquitäten ausgestattet ist. Die Zimmer haben zwar eine schöne Aussicht, sind aber ziemlich scheußlich renoviert.

La Floridiana: Via Campo di Teste 16, Tel. 08 18 37 01 66, Fax 08 18 37 04 34, www.lafloridiana-capri.com, Ende März–Ende Okt., teuer.
An der Straße am unteren südlichen Ortsrand von Capri reihen sich einige Hotels aneinander. Das Floridiana hat einige reizende Suiten: In der ›Bouganvillea‹ hat man eine kleine Privat-Terrasse und in der ›Michela‹ eine kleine Küche.

La Palma: Via Vittorio Emanuele 39, Tel. 08 18 37 01 33,

Fax 08 18 37 69 66, palma@mbox.caprinet.it, ganzjährig geöffnet, teuer.
Bereits 1822 gab es an dieser Stelle ein kleines Hotel, das erste auf Capri. Ferdinand Gregorovius, der um 1853 nach Capri reiste, schrieb über die »Locanda des Don Michele Pagano, vor welcher ein königlicher Palmbaum seine majestätische Krone erhebt«. Auch hier glaube man, in die stillste Einsiedelei einzukehren, »in eine Herberge für Pilger mit dem Stab und dem Muschelhut.« Der erste Wirt war außerdem beteiligt an der Wiederentdeckung der Blauen Grotte durch den deutschen Maler August Kopisch. Die Nachfahren des Don Pagano vergrößerten das Hotel, und es wurde auch immer nobler, heute ist es ein Vier-Sterne-Hotel, liegt mitten im Ort und hat einen reizenden kleinen Garten.

La Residenza: Via F. Serena 22, Tel. 08 18 37 08 33, Fax 08 18 37 75 64, www.hotellaresidenza.com, Mitte März–Mitte Nov., teuer.
Der Blick zur Certosa di San Giacomo und den Felsklippen ist wunderschön, das Hotel wurde unlängst renoviert und vergrößert. Im hoteleigenen Garten sitzt man recht ruhig, und einen Pool gibt es auch.

La Vega: Via Campo di Teste 20, Tel. 08 18 37 04 81, Fax 08 18 37 03 42, ganzjährig geöffnet, teuer.
Ein reizender Swimmingpool in Nierentischform ist der größte Pluspunkt des unlängst renovierten Hotels. Die Zimmer haben Meerblick.

Luna: Viale Matteotti 3, Tel. 08 18 37 04 33, Fax 08 18 37 74 59, luna@capri.it, Anfang April–Mitte Okt., teuer.
Zwischen der Kartause und den Gärten des Augustus liegt dieses feine Hotel, im großzügigen Garten befindet sich ein Swimming-

Neu: Zwei Luxushotels

Die Eröffnung von zwei teuren Hotels zeigt: Capri ist wieder ein Ziel für Nobeltourismus. Das Relais Maresca in Marina Grande ist ein Haus mit gehobenem Standard, reizenden Terrassen und einem phantastischen Blick Richtung Neapel. Auf der anderen Seite der Insel logiert man im ebenfalls gehoben ausgestatteten Weber, ein traditionsreiches Hotel, das jahrelang geschlossen war und nun renoviert wurde. Relais Maresca: Via Marina Grande 284, Tel. 08 18 37 94 66, Fax 081 37 40 70, www.relaismaresca.it; Weber: Via Marina Piccola 118, Tel. 08 18 37 01 41, Fax 08 18 37 88 66, www.hotelweber.com.

Zimmer mit Aussicht? – Im Palatium ist's möglich!

pool, und von den vorderen Zimmer sieht man das Meer, die Faraglioni und die Kreuzgänge der Kartause.

Villa Brunella: Via Tragara 24/a,
Tel. 08 18 37 01 22,
Fax 08 18 37 04 30,
villabrunella@capri.it,
April–Anfang Nov., teuer.
In steilen Terrassen steigt dieses Hotel auf, von den Zimmern hat man entweder den Blick auf Capri-Stadt und die Marina Piccola oder auf die Faraglioni. Das dem Hotel angeschlossene Restaurant gehört zu den besten Adressen (s. S. 62).

Punta Tragara: Via Tragara 57,
Tel. 081 837 08 44,
Fax 081 837 77 90,
www.hoteltragara.com,
Mitte April–Ende Okt., Luxus.
Dass der Architekt Le Corbusier am ursprünglichen Gebäude an diesem aussichtsreichen Punkt mitgearbeitet hat, sieht man heute nicht mehr unbedingt, mittlerweile ist

der Bau nach einigen Umbauten zu verspielt. Dennoch ist es eines der schönsten Hotels der Insel, die Sicht mal wieder unvergleichlich, und ganz speziell ist der Ausblick von Zimmer 51: Hier sieht man sowohl die berühmten Faraglioni als auch die Marina Piccola. Zudem hat das Hotel den vermutlich aussichtsreichsten Pool der Insel, er ist im vierten Stock der Anlage untergebracht.

Palatium: Via Marina Grande 225, Tel. 08 18 38 41 11,
Fax 08 18 37 61 50,
info@hotelpalatium.it,
Anfang April–Ende Okt., Luxus.
Eines der am schönsten gelegenen Hotels der Insel. Unweit der Marina Grande steht der pompejirote Bau, als einziges Hotel hat es einen direkten Zugang zum Meer, wer sich die wenigen Stufen dennoch sparen will, kann im großen Meerwasser-Pool plantschen. Der Blick von den Zimmern im obersten Stockwerk – mit kleiner Terrasse – ist spektakulär; man sieht auf

die Marina und hinauf zum Ort Capri. Hauseigenes Restaurant, La Scogliera, s. S. 64.

Quisisana & Grand Hotel:
Via Camerelle 2,
Tel. 08 18 37 07 88,
Fax 08 18 37 60 80,
www.quisi.com,
März–Okt., Luxus.
Capris erste Adresse, und das schon seit 1845. Damals baute hier ein englischer Arzt ein Sanatorium, daher der Name, denn Quisisana bedeutet: Hier wird man gesund. 1868 wurde daraus eine kleine Pension, und heute beherbergt das Gebäude ein Fünf-Sterne-Hotel mit parkähnlichem Garten und einer angenehm gediegenen Atmosphäre.

 Aurora: Via Fuorlovado 18, Tel. 08 18 37 01 81, März–Dez. tgl. geöffnet, günstig. Pizza aus dem Holzofen, das sollte man in dieser Region wenigstens einmal gegessen haben, schließlich wurde in Neapel zu Ehren der Königin Margherita die mit Tomaten, Mozzarella und Basilikum belegte Teigware erfunden. Im Aurora ist die Pizza dünn und kross.

Le Grottelle: Localitá Arco Naturale, Tel. 08 18 37 57 19, April–Okt. tgl. geöffnet, günstig. Das Gartenlokal liegt nur wenige Meter vom Arco Naturale entfernt, eignet sich also sehr gut für eine kleine Mahlzeit auf dem Rückweg. Lecker sind die Ravioli alla caprese, gefüllt mit dem Cacciotta-Käse aus Sorrent, oder auch das Antipasto misto, in Öl oder vom Grill, mit Gemüse aus dem Garten. Falls es kühler ist, kann man auch drinnen essen, denn die Räume sind in eine Grotte hineingebaut.

Longano: Via Longano 9, Tel. 08 18 37 01 87, im August tgl. geöffnet, März–Nov. Mi Ruhetag, günstig.
In der großen, dennoch familiär geführten Pizzeria bekommt man auch guten, frischen Fisch. Tarantino, der Besitzer, schaut tagsüber nur ab und zu in seiner weißen Uniform vorbei, darin holt er am Hafen die Gäste für seine Pension Florida in Capri ab.

La Savardina: Via Lo Capo 8, Tel. 08 18 37 63 00, ganzjährig geöffnet, April, Mai, Sept., Okt. Di geschl., günstig.
Das kleine Gartenrestaurant liegt außerhalb von Capri, auf halber Strecke zur Villa Fersen. Auf dem Weg zur Villa Jovis ist die Abzweigung ausgeschildert. Man sitzt unter gigantischen Zitrusfrüchten und genießt die einfache, ländliche Küche von Eduardo Tarantino. Verschiedene hausgemachte Pasta-Sorten kosten ca. 5 €.

Belsito: Via Matermania 11, Tel. 08 18 37 87 50, moderat.
Auf der Terrasse des Restaurants hat man einen ganz unvergleichlichen Blick nach Süden, Mario Tarantino serviert viel frischen Fisch. Die hausgemachte Pasta ist vorzüglich, zum Beispiel die mit geräuchertem Provolone gefüllten Ravioli (9 €, s. auch S. 54).

CasaNova: Via Le Botteghe 46, Tel. 08 18 37 76 42, April–Okt. tgl. geöffnet, moderat.
Zusätzlich zur Karte mit capresischen Spezialitäten – Schwerpunkt Fischgerichte – gibt es wechselnde Tagesspezialitäten. Am Samstag zum Beispiel eine kräftig gewürzte Pasta afrodisiaca. Pizza schon ab 4 €, Bandnudeln mit Hummer 15 €. Man sitzt in angenehm

kühlen Räumen, allerdings ohne Aussicht.

Da Gemma: Via Madre Serafina 6, Tel. 08 18 37 04 61, tgl. geöffnet, Feb. geschlossen, moderat.
Für Capreser Verhältnisse ist das ein riesiges und außergewöhnlich geschäftiges Lokal. Die große Terrasse oberhalb der Via Roma ist zudem fast immer voll. Kein Wunder: Allein das Vorspeisen-Buffet (5 €) mit allen Schätzen des Meeres lohnt den Besuch. Frischer Fisch aus der Vitrine wird gegrillt oder all'aqua pazza – mit frischen Tomaten – zubereitet. Sehr gut passt dazu der Hauswein.

Al Grottino: Via Longano 27, Tel. 08 18 37 05 84, ganzjährig geöffnet, moderat.
Unweit der Piazzetta, aber weit von touristischem Einerlei entfernt, isst man hier ohne Aussicht aber unter schönen Gewölben gute capresische Küche.

Moscardino: Via Roma 28, Tel. 08 18 37 06 87, Mo geschl., moderat.
Das Restaurant liegt an der Hauptrennstrecke der Touristen vom Busparkplatz zur Piazzetta. Doch der Blick ist umwerfend, man sieht die Marina Grande und einen Teil von Capri-Stadt. Spezialität des Hauses: Farfalle mit Zucchini und Gamberetti, 7,50 €.

San Costanzo: Via Marucella 28, Tel. 08 18 37 79 47, April–Okt. Mo geschl., moderat.
Raffaele de Gregorio hat sich der ländlichen Küche verschrieben – seine Speisekarte wechselt mit den Jahreszeiten. So kann man mal Pasta mit frischen Erbsen aus seinem Garten bekommen, mal die Linguine San Costanzo (4 €) mit Nüssen und kleinen Tomaten. Man sitzt ruhig, aussichtsreich und wunderbar schattig in einer Limonaia, schon dafür lohnt sich der kleine Spaziergang zu dem

Hier verbringt man gerne einen Abend: Da Gemma

Lokal, auf halbem Weg zwischen Marina Grande und Capri.

Settanni: Via Longano 5, Tel. 08 18 37 01 05, Mitte März– Ende Dez. Do geschl., moderat. Man sollte nicht zu spät kommen, denn die fünf Tische am Fenster sind immer als erste belegt. Von diesen hat man eine wunderbare Sicht auf den Hafen. In dem einfachen Lokal kann man auch mal nur einen Teller Pasta essen, zum Beispiel Penne arrabiata (4,50 €).

Villa Brunella: Via Tragara 24/a, Tel. 08 18 37 01 22, Fax 08 18 37 04 30, April–Anfang Nov., moderat. Mit Kerzenlicht, einem Glas Sekt auf Kosten des Hauses und spektakulärem Blick (Tische am Fenster reservieren!) genießt man hier die etwas feinere Küche. Dienstfertige Kellner servieren Pazzogna, eine lokale Zahnbrasse (45 € pro Kilo), Beef mit grünem Pfeffer (15 €) und die erstaunlich luftige Torta caprese (4,50 €). Das Lokal gehört zum gleichnamigen Hotel (s. S. 59).

Verginiello: Via Lo Palazzo 25, Tel. 08 18 37 09 44, tgl. geöffnet, moderat. Auf der Terrasse mit Blick über Marina Grande serviert Maria Laura Guarracino Meeresspezialitäten und Pizza aus dem Holzofen oder die etwas mächtigen Pennette Aumm Aumm, mit Auberginen. Man erreicht das Lokal von der Via Roma aus, es liegt etwas unterhalb der Hauptstraße.

Da Luigi: Via Faraglioni 5, Tel. 08 18 37 05 91, Mitte April–Ende Sept. tagsüber geöffnet, teuer. Ein spektakuläres Plätzchen für ein Fischrestaurant: Man spaziert unterhalb des Hotels Punto Tragara eine steile Treppe hinunter, direkt bis zu den Felsklippen Faraglioni. Dort, auf einem Felsvorsprung, bestellt man Rucola mit Gamberetti (9 €) oder eine Muschelsuppe (7 €), hört dem Wind zu und schaut gen Horizont aufs Meer hinaus – vorausgesetzt man lässt sich nicht ablenken von den Badenixen.

La Fontelina: Via Faraglioni 3, Tel. 08 18 37 08 45, Mitte April– Mitte Okt. tagsüber geöffnet, teuer. Auch La Fontelina liegt traumhaft zu Füßen der Faraglioni, ist allerdings etwas feiner als das benachbarte Da Luigi. Die Spezialitäten von Tonino kommen natürlich aus

Capri, das bedeutet 1001 atemberaubende Ausblicke

dem Meer, aber es wird auch mit viel frischem Gemüse gekocht. Zu dieser Oase am Meer gehört auch ein Privatstrand (s. S. 51).

Marina Grande
Um alles, was sich um die Marina Grande unter den Namen Snack Bar und Hamburger – Hot Dogs – Pizza versammelt, sollte man einen großen Bogen machen. Dort wird billiges Fast Food zu überteuerten Preisen angeboten.

Da Paolino: Via Palazzo al Mare 11, Tel. 08 18 37 61 02, Fax 08 18 37 56 11, in der Nebensaison Mi geschl., ab Juni tgl. abends geöffnet, moderat. Man sitzt herrlich in dem Zitronengarten des Restaurants, zu den Spezialitäten zählt die ungewöhnlich große Auswahl an Vorspeisen vom Buffet. Auch für die Nachspeise sollte man noch Platz lassen, die Kuchen und Fruchttorten sind es wert. Man erreicht das Lokal, wenn man von der Marina Grande die Via Marina Grande hoch geht und vor der ersten Kurve rechts in die Via Palazzo a Mare einbiegt.

Bagni Tiberio: Tel. 08 18 37 76 88. Mitte Mai–Mitte Sept. tgl. mittags geöffnet, teuer.
Man kann das Fischrestaurant problemlos zu Fuß erreichen, indem man denselben Weg wie in obiges Restaurant (Da Paolino) einschlägt, aber weit stilvoller erreicht man es mit dem kostenlosen Bootstrans-

Praktisch für hungrige Baderatten: Restaurant Bagni di Gioia

fer, der links von der Marina Grande ablegt. Das Lokal selbst ist schlicht, alles strahlt in frischem Hellblau, man sitzt in den Ruinen des römischen Palazzo auf Stelzen überm Wasser, und der Fisch schmeckt, als wäre er aus dem Wasser direkt auf den Teller gesprungen.

Der deutsche Kulturhistoriker Ferdinand Gregorovius schrieb schon im 19. Jh. von der »zerbrochenen Säule mit rotem orientalischem Granit«, die aus dem Schutt hervorragt. Nun steht sie als massiver Poller am kleinen Bootsanleger des Restaurants.

La Scogliera: Restaurant des Hotels Palatium, Via Marina Grande 225, Tel. 08 18 37 61 44, Fax 08 18 37 61 50, Anfang April– Ende Okt. tgl. geöffnet, teuer.

Das einzige Restaurant in Hafennähe, das den Namen überhaupt verdient. Gediegen, von Hotelgästen frequentiert, s. S. 59f.

Marina Piccola

Die Marina Piccola, an der Südküste von Capri gelegen, war in den 50er Jahren des 20. Jh. als Nobel-Strand-Ecke in ganz Italien bekannt, gehalten haben sich einige gute Restaurants.

El Merendero:

Via Marina Piccola 74.
Den italienischen Stiefel rauf und runter findet man solche Strandbars, auf Capri ist es die einzige.

Bagni da Gioia: Via Mulo 76, Tel. 08 18 37 77 02, nur mittags geöffnet, Juli/Aug. auch abends, Juni/Sept. Sa/So auch abends, moderat.

Auch zu diesem Restaurant gehört ein gleichnamiger Strand, (Eintritt mit Liegestuhl 8 €, s. S. 50), man sitzt ebenfalls überm Meer, nur hängen hier Fischernetze von der Decke. Kein Wunder, dass ›Alles aus dem Meer‹ als Spezialitäten des Hauses angepriesen wird.

Ciro a Mare: Via Mulo 59, Tel. 08 18 37 02 64, April–Okt. nur mittags geöffnet – was nicht wörtlich zu nehmen ist, auch nachmittags um 16 Uhr bekommt man noch sein Menü, moderat. Von der Terrasse aus sieht man die sportlichen jungen Menschen von den Klippen ins Meer springen, derweil man die üppige Grigliata di pesca (25 € für zwei Personen) genießt. Das Gegenüber – denn die Grigliata gibt es nur für zwei – kann derweilen den Blick auf die Badenixen der Bagni Internazionali genießen; der Strand gehört zum Restaurant (Eintritt mit Liegestuhl 8 €, s. S. 50). Als besondere Nachspeise wird Caprese al limone serviert, die beliebte Nusstorte der Insel, hier allerdings nicht mit Schokolade, sondern eben mit Zitronen.

La Canzone del Mare: Via Marina Piccola 93. Tel. 08 18 37 01 04. April–Okt. mittags, im August auch abends geöffnet, teuer. Hier speist man teuer, aber ausgesprochen gut. Die Grigliata del Pescatore – verschiedene Meeresfrüchte vom Grill – kosten 22 €, auch die Fleischgerichte fallen aus der Reihe, so gibt es beispielsweise Kalbfleisch in Madeira (12 €).

 **Schuhe: Da Constanzo:** Via Roma 49. Was für Zeiten! Die Visitenkarte zeigt Constanzo zusammen mit Sofia Loren und Clark Gable. Damals wurden noch fast alle Schuhe auf Bestellung gefertigt, heute hält Constanzo natürlich eine breite Auswahl an selbstgeschusterten Sandalen bereit. Das klassische, flache Riemchenmodell zählt immer noch dazu.

Ellemme: Via Le Botteghe 13. Ein winziger Schuhladen, der aktuelle Mode bereithält und nicht allzu teuer ist. Eine gute Adresse für bequeme Schuhe, die das Auf und ab in den Gassen erleichtern.

Lebensmittel
Caseificio Isola di Capri: Via Roma 38. Hier werden die Mozzarella-Kugeln gemacht, die sich so hübsch zwischen Tomatenscheiben und Basilikumblättern zur Insalata alla caprese ordnen. Man steigt an der Piazza Strina eine kleine Eisentreppe hinunter; wenn man um die Mittagszeit hingeht, kann man bei der Käseproduktion zusehen.

Macelleria da Michelangelo Fabbrocino: Via Roma 85. Bei Capresen ist Fabbrocinos Angebot geschätzt, zu seinen Spezialitäten zählen eine Art Cordon Bleu, mit Tomaten und Mozzarella gefüllte und panierte Kalbfleischscheiben, sowie viele Fleischgerichte aus ganz Italien, wie der rare Speck aus Colonnato in der Toscana. Ein traditionelles Gericht aus Capri sind Schweinswürstel mit Fenchelsamen und Weißwein.

Sfizi di Pane: Via Le Botteghe 4. In dem Brotladen bekommt man sowohl knusprige Brötchen und Knabberstangen als auch Süßspeisen, wie die Sfogliatelle, die ursprünglich aus Amalfi kommt und natürlich die Torta caprese mit Schokolade und Mandeln.

Capri Natura: Via Veruotto 5, Tel./Fax 08 18 37 51 97, 8.30–12.30 und 15–18 Uhr. In der kleinen Fabrik werden inseltypische Produkte hergestellt, natürlich der berühmte Limoncello, aber auch andere Liköre, zum

Zitronenlikör

Den berühmten Zitronenlikör Limonello oder Limoncello kann man auch selber herstellen: Man gibt ungespritzte Schalen von 1 kg Zitronen in 1 l Alkohol, acht Tage ziehen lassen, 500 g Zucker in 1 l kaltem Wasser auflösen, den Alkohol filtern und mit dem Zuckerwasser mischen, gut schütteln, eiskalt servieren.

Beispiel aus Mandarinen, Lorbeer oder Basilikum. Außerdem gibt es Marmeladen, eingelegtes Gemüse und in Limoncello getauchtes Gebäck.

La Capannina più:
Via Le Botteghe 39.
In der Vinothek findet man ein großes Angebot an Weinen hauptsächlich aus Süditalien, außerdem gibt es im angegliederten Gourmet-Shop kleine Leckereien. Nur wenige Schritte entfernt betreiben dieselben Besitzer eine Wine Bar und Grapperia desselben Namens.

Limoncello di Capri:
Via Roma 79.
Kleiner Laden des Familienbetriebs aus Anacapri (s. S. 43).

Pasticceria Buonocore:
Via Vittorio Emanuele 35.
Schwer zu sagen, was besser schmeckt: das hausgemachte Zitroneneis oder die frisch gebackene Waffel, in der man es bekommt. Seit 28 Jahren betreibt die Familie Buonocore schon ihre Pasticceria, besonders lecker sind die kleinen Caprilú al limone, Gebäck mit dem kräftigem Geschmack der Zitronen aus Raffaele Buonocores Garten.

Antiquitäten
Il Portico: Via Camerelle 37, Tel. 08 18 37 05 97.
Eines der exklusivsten Antiquitätengeschäfte der Insel. Wie es sich inmitten solcher Kostbarkeiten wohnt, kann man ein paar Türen weiter bestaunen: In der ständigen Ausstellung Il Convivium ist ein Salon mit Antiquitäten eingerichtet.

Luxusartikel
Carthusia: Profumi di Capri, Via Camerelle 10, Tel. 08 18 37 05 29.
Parfümhersteller gibt es auf Capri mehrere. Wie es überhaupt zu der Produktion gekommen sein soll, erzählt eine Legende: Dem Prior der Certosa di San Giacomo wurde 1380 der überraschende Besuch der Königin Johanna angekündigt. Als Geschenk ließ er für sie die schönsten Blüten von Capri in Wasserschalen anrichten. Nach drei Tagen stellte er fest, dass das Wasser den wunderbaren Duft angenommen hatte. 1948 soll der Prior des Klosters die alte Formel wiedergefunden haben. Er verriet sie einem Chemiker aus dem Piemont, und der eröffnete das Laboratorium Carthusia. Als Grundstoffe für Männerparfums wird Rosmarinöl vom Monte Salaro verwendet, für Frauenparfums das Öl der wilden Nelke.
Tiberius: Profumi di Capri, Via F. Serena 28/30, Tel. 08 18 37 53 35, Fax 08 18 37 46 63.

Ein Hauch von Capri für zu Hause

Ein weiteres, recht hübsches Geschäft mit Parfums und Seifen aus eigener Herstellung.

Russo Capri: Via Vittorio Emanuele 14.
Der berühmteste Klamottenladen auf Capri hat jetzt mehrere Filialen. Hier bekommt man die neuesten Kreationen der italienischen Top-Designer – und Haute Couture: vom Eigner selbst Geschneidertes.

Marconi Outlet:
Via Aquaviva 16.
Der neueste Laden der Russo-Capri-Kette. Hier kann man die Vorjahresmodelle italienischer Designer zu günstigen Preisen erstehen. Kein Billigheimer, sondern ein exklusiver Laden mit bezahlbaren Preisen. Direkt bei der Funicolare.

Bücher
La Conchiglia: Via Le Botteghe 12, Tel. 08 18 37 65 77, Fax 08 18 37 99 89.

Die Buchhandlung ist hervorragend ausgestattet mit Literatur über Capri. Kein Wunder: La Conchiglia ist zugleich ein Verlag. Ausilia Veneruso eröffnete 1983 den Buchladen, 1989 ging daraus der Verlag hervor. Die hübsch und belletristisch aufgemachten Bücher – fast nur auf Italienisch – handeln hauptsächlich von Capri, seinen berühmten Besuchern und historischen und kulturellen Begebenheiten. Im Buchladen gibt es außerdem alte Stiche und Drucke.

Weitere Filialen befinden sich in der Via Camerelle 18 und in Anacapri (Via G. Orlandi 205).

Faiella: P.tta I. Cerio 14.
Die kleine Buchhandlung hinter der Kirche hat eine gediegene Auswahl an italienischer Literatur, ein paar Bücher auf Englisch und Deutsch finden sich auch.

Wäscherei
Pisano: Via Madonna delle Grazie 11.

Süße Versuchungen für Schleckermäuler lauern an vielen Ecken

In der kleinen Seitenstraße der Via Le Botteghe wird die Wäsche so sorgfältig gewaschen und gebügelt wie bei Muttern.

Zwar gibt es in Capri ein paar Diskotheken, – die schneller wechseln, als man Reiseführer schreiben könnte – doch das Nachtleben spielt sich eigentlich dort ab, wo auch tagsüber das Leben pulisert: In den Gassen und auf der Piazzetta. Erst zu später Stunde, nach 24 Uhr, lohnt der Besuch der Clubs.

Bis weit nach Mitternacht kann man in einem der vier Cafes der Piazzetta im Freien sitzen und sehen und gesehen werden. Letzteres gilt noch viel mehr für die Bar des Hotels Quisisana: Vor der ganzen Breite des Hotels stehen Tische im Freien, der einsame Klavierspieler der Bar klimpert vor sich hin, aber *tout le monde* sitzt im Freien und lässt es sich gut gehen.

Bar Embassy: Via Camerelle 16. Auch hier stehen ein paar Tischchen auf der Flaniermeile von Capri.

Bar La Pompeiana:
Via Camerelle 63.
Die ausgeblichenen Fotos auf der Speisekarte laden nicht gerade zum Essen ein, aber für einen kleinen Drink im Freien ist es hier ganz hübsch. Oft schallen aus den Lautsprechern neapolitanische Volkslieder.

Nightcubs
Musmé: Via Camerelle 61.
Naif: Via Roma 6.
La Palma: Via Emanuele 45.
Mehr eine Piano Bar als eine Diskothek. Gediegeneres Publikum.
Number Two: Via Camerelle 1.
Der eleganteste der Clubs.

14. Mai: Festa del San Costanzo. Traditionell wird an diesem Tag eine Prozession mit den Reliquien des hl. Costanzo veranstaltet, sie beginnt um 17.30 Uhr, führt erst durch Capri, dann hinunter nach Marina Grande zur ehemaligen Bischofskirche San Costanzo. Einige Tage später wird die silberne Büste dann mit einer weiteren Prozession in die Kirche Santo Stefano zurückgebracht.

Letzte Maiwoche: Sailing-Cup-Regatta.

Erstes September-Wochenende: Santa Maria del Soccorso. Ein volkstümliches Fest auf dem Monte Tiberio, hinter der Villa Jovis gelegen.

Erster Septembersonntag: Madonna della Libertà. Feiertag zu Ehren der Schutzpatronin der Seeleute. Veranstaltet wird eine kleine Prozession von der Kirche San Costanzo zur Votivkapelle im Largo Fontana, ebenfalls im Ortsteil Marina Grande. Abends Feuerwerk.

Zwischen Marina Grande und der Ortsmitte von Capri verkehrt viertelstündlich eine **Standseilbahn.** Die Fahrkarte kostet genausoviel wie der Bus (1,50 €). 1. Okt.–31. März 6.30–21 Uhr, vom 1. April–31. Mai fährt die letzte Bahn um 21.30 Uhr (die letzte Fahrt geht jeweils im Anschluss an das letzte Fährschiff von Neapel), vom 1. Juni–30. Sept. fährt die Bahn bis um 0.30 Uhr.

Etwa halbstündig verkehren **Busse** von 6.30 bzw. 7.30–24 Uhr zwischen Capri und Anacapri sowie zwischen Marina Grande und Capri, seltener zwischen Marina Grande und Anacapri sowie nach Marina Piccola. An den Fahrkartenschaltern (Via Roma, beim Busparkplatz) kann man eine Kopie des Fahrplans erhalten.

Taxi: An der Schiffsanlegestelle in Marina Grande und in der Ortsmitte von Capri stehen immer viele Taxis bereit, man bezahlt etwa 8 € für eine Fahrt. Die Taxis können aber in Capri meist nicht bis zum Hotel fahren, im Ort verkehren nur Elektrowägelchen, die auch das Gepäck befördern (etwa 4 € pro Gepäckstück). Wenn man Geld sparen, sich aber trotzdem nicht so abschleppen möchte, fährt man am besten mit der Seilbahn hoch und lässt sich dann das Gepäck zum Hotel transportieren. Taxi: Tel. 08 18 37 05 43

Fährverkehr: Es gibt verschiedene Gesellschaften, die regelmäßig nach Neapel und Sorrent fahren; herauszubekommen, welche wann ablegt, ist etwas kompliziert. Am besten besorgt man sich beim Fremdenverkehrsamt (an der Piazza Umberto I) ein Faltblatt, das alle Gesellschaften auflistet. In der Nebensaison fährt morgens das erste Schiff gegen 8 Uhr nach Capri, das letzte fährt um 22.40 Uhr in Neapel ab; das vorletzte allerdings schon um 19 Uhr! Im Hochsommer fahren mehr Schiffe. Wer leicht seekrank wird, sollte die Autofähre nehmen (Caremar), die schaukelt am wenigsten, und man kann sich auf dem Deck aufhalten. Am schlimmsten sind die Tragflügelboote…

Ausflüge organisieren die Reisebüros:

Grotta Azzurra:
Via Roma 53,
Tel. 08 18 37 07 02,
Fax 08 18 37 04 66 und

Tiberio Viaggio e Turismo:
Via Camerelle 18,
Tel. 08 18 37 63 71,
Fax 08 18 37 02 44.
Sie geben auch Auskünfte über Zugverbindungen auf dem Festland.

Neapel

Bereits wenn man vom Flughafen in die Stadt hinunterfährt, erscheint sie einem ziemlich hektisch. Der Eindruck potenziert sich noch, hat man nach ein paar geruhsamen Tagen auf Capri den Entschluss gefasst, nun mal wieder Stadtluft zu schnuppern. Schon damit fangen die Probleme an, denn entlang der Hauptverkehrsstraßen ist die Luft, vor allem bei Hitze, zum Schneiden. Doch glücklicherweise besteht die Innenstadt von Neapel vor allem aus winzigen Gassen, durchzogen von der 2 km langen ›Ader‹ Spaccanapoli. Die ›Neapelteilerin‹ ist eine schnurgerade Gasse, die die Stadt durchschneidet. Auf Stadtplänen wird man ihren Namen jedoch vergeblich suchen, sie heißt nacheinander: Via Vicaria, Via S. B. dei Librai, Piazza Nilo, Via Benedetto Croce, Piazza del Gesù.

Neapel sehen und sterben, davon kann keine Rede sein. Eher schon Neapel innig lieben oder abgrundtief hassen. Für die einen ist es nur ein Moloch, für die anderen die lebhafteste und exotischste Stadt Europas. Und für Kunstfreunde und Kunsthistoriker ist Neapel natürlich schon lange kein Geheimtipp mehr. Die Stadtverwaltung hat in den vergangenen Jahren viel getan, um die Schätze der Stadt zu restaurieren, zu erhalten und zugänglich zu machen. Am besten folgt man bei einem Rundgang in der Altstadt der ausgewiesenen Via dell'arte, die zu den wichtigsten Kunstschätzen führt.

Napoli sotteranea: Associazione Culturale, Tel. 081 40 02 56, Eintritt 5 €, Dauer: 1,5 Std.
Einen Rundgang durch die unterirdische Stadt Neapel bietet dieser Kulturverein an: Führungen finden Sa und So jeweils um 10, 12 und 18 sowie Do um 21 Uhr statt, Treffpunkt ist das Caffè Gambrinus an der Piazza Trieste e Trento.

Piazza del Plebiscito: Ein perfekter Platz, so groß und so schön, – dass er meistens leer ist. Umrahmt wird er von der Kirche San Francesco di Paola und dem Palazzo Reale, dem ehemalige Schloss der spanischen Vizekönige. Die historischen Räume des Schlosses – mitsamt dem bombastischen Treppenhaus – können be-

Eine (Schiffs-)reise wert: Neapel

sichtigt werden, tgl. 9–13 Uhr, außer Mo.

Archäologisches Museum:
Piazza Museo, Tel. 081 44 01 66, geöffnet Mo, Mi-Sa 9–19 Uhr, So und feiertags 9–20 Uhr, Di geschl., Eintritt 6 €
Das Museum zählt zu den schönsten der Welt. Versammelt sind Skulpturen, Mosaiken, Malereien und Gebrauchsgegenstände aus der Antike. Sehenswert ist auch der großzügige Bau selbst, eine ehemalige Kaserne der Kavallerie.

Cappella Sansevero:
Via F. De Sanctis, tgl. 10–19.30 Uhr.
In der Grabkapelle der Familie Sagro-Sansevero lockt vor allem eine Sehenswürdigkeit: Der verschleierte Christus. Der Bildhauer Giuseppe Sammartino schuf eine Marmorfigur mit einem derart zarten, steinernen Schleier, dass es bis heute nicht gelungen ist, die Technik dieser Arbeit zu entschlüsseln. Vielleicht hatte ja doch der Principe Sansevero, ein bekannter Alchimist, seine Finger im Spiel…

Dom San Gennaro:
Via Duomo 71.
Der Dom wurde im 19. Jh. renoviert, was ihn nicht gerade schöner machte. Die Neapolitaner kümmert das wenig, für sie ist es das wichtigste Gotteshaus, denn hier findet pünktlich jedes Jahr zweimal das Blutwunder statt: Das Blut des hl. Gennaro, dem Schutzpatron von Neapel, verflüssigt sich (s. S. 73).

San Lorenzo Maggiore:
Piazza San Gaetano.
Eine der bedeutendsten mittelalterlichen Kirchen in Neapel und auch eine der schönsten. In gelbem Tuffstein prangt hier reinste Gotik. Im 6. Jh. entstand die erste, frühchristliche Kirche, die heutige Apsis stammt aus dem 13. Jh.

Chiostro Maiolicato:
Via S. Chiara 49, Eintritt 4 €
Eine Oase! Unterhalb der Kirche Santa Chiara befindet sich dieser Kreuzgang mit interessantem Museum. Der Kreuzgang ist eine Idylle, Rosenbüsche und viel Grün, dazwischen gemauerte Bänke und Säulen, über und über verziert mit Majolika-Kacheln, die ländliche Szenen darstellen. Wunderbar für ein paar ruhige Minuten.

E. P. T.:
– Piazza Garibaldi (Bahnhof), Tel. 081 26 87 79, tgl. 9–19 Uhr.
– Stazione FS Mergellina, Tel. 08 17 61 21 02, www.napoli.com, Mo–Sa 9–13, 15.30–19 Uhr.

Ostello della Gioventù Mergellina: Salita della Grotta 23, Tel. 08 17 61 23 46, Fax 08 17 61 23 91, günstig.
Die Jugendherberge liegt sehr verkehrsgünstig, direkt oberhalb des U-Bahnhofs Mergellina. Außerdem haben einige der Zwei- bis Vier-Bett-Zimmer einen schönen Panoramablick.

Le Orchidee: Corso Umberto 7, Tel. 08 15 51 07 21, Fax 08 12 51 40 88, moderat.
Nur wenige Schritte vom Fährhafen Beverello, von dem die Schiffe nach Capri ablegen, entfernt. Das einfache Hotel liegt im fünften Stock eines alten Mietshauses, und der Lift ist nichts für schwache Nerven… Von einigen der Zimmer hat man einen aussichtsreichen Blick auf die Altstadt, aber zum Glück haben die Räume Schallschutzfenster.

Hotel Cavour: Piazza Garibaldi 37, Tel. 081 28 31 22, Fax 081 28 74 88, cavournapoli@cavour.com, moderat.

Rund um den zentralen Platz beim Hauptbahnhof stehen einige, zum Teil recht teure Hotels, dieses liegt in der mittleren Preisklasse.

Hotel Villa Capodimonte:
Moiariello 66,
Tel. 081 45 90 00,
Fax 081 29 93 44, teuer.
Der 1995 erbaute, kleine Hotelkomplex ist wunderschön gelegen, oberhalb der Stadt und ruhig und nicht allzu weit vom Flughafen entfernt, eine Oase mit großem Garten.

Bellini: Via Costantinopoli 79–80, Tel. 081 45 97 74, 12–16 und 19–1 Uhr, So abends, Mo, Aug. geschl., günstig.
Hier gibt es die klassische Pizza Margherita auch zum Mitnehmen, das Lokal hat einen Stand zur Straße. Wer die Pizza ›a portfoglio‹ bestellt, bekommt seinen Teigfladen zweimal gefaltet, was zum Mit-der-Hand-Essen praktisch ist.

Di Matteo: Via Tribunali 94, Tel. 081 45 52 62, tgl. 9–24 Uhr, So, Aug. geschl., günstig.
Schon seit 1938 werden hier, mitten in der Altstadt, Pizzen und Frittiertes angeboten. Spezialität ist die Pizza fritta, mit Ricotta und Grieben gefüllt und in der Pfanne gebraten.

Lombardi a Santa Chiara: Via Benedetto Croce 59, Tel. 08 15 52 07 80, 10.30–15.30 und 19–24 Uhr, Mo, Aug. geschl., günstig.
Klassische Pizza und Eigenkreationen sind Spezialitäten des Hauses – und das schon seit 120 Jahren.

Caffè Gambrinus:
Piazza Trieste e Trento,
tgl. 7.30–23 Uhr, moderat.

Schon seit 1890 gibt es dieses wunderschöne Café, die Inneneinrichtung sieht noch fast genauso aus wie zur Gründungszeit. Man sitzt an kleinen Marmortischchen – oder weniger schön im Freien –, oder man nimmt ganz stilvoll einen Kaffee im Stehen und genießt dazu die frischen Süßspeisen der Pasticceria. Das Café ist unweit des Fährhafens Beverello gelegen, also der beste Platz, um mit einem stilvollen Frühstück den Rundgang durch die Stadt zu beginnen.

Blutwunder: Am ersten Samstag im Mai, dem Tag der Reliquienüberführung, und am 19. September, dem Tag der Enthauptung des hl. Gennaro, wird das Blutwunder feierlich mit einer Messe im Dom und einer Prozession zwischen Dom und Santa Chiara begangen. Vor den Augen der Gläubigen verflüssigt sich dann das Blut in den Glasampullen.

In der Stadt fährt man am besten mit der **U-Bahn** (Metro); der **Nahverkehrszug Circumvesuviana** verkehrt zwischen Neapel und Sorrent beinahe wie eine S-Bahn, im 20-Minuten-Takt. Tel. 08 17 72 24 44.
Achtung: Es gibt am Hauptbahnhof auch ein Untergeschoss, genannt Piazza Garibaldi, dort fahren unter anderem die Eurostar-Züge ab.
Gepäckaufbewahrung: Am hintersten Ende des Hauptbahnhofes, in der Nähe von Gleis 24. Tag und Nacht geöffnet. Pro Gepäckstück werden für 12 Stunden 3 € berechnet.
Fährverbindungen von und nach Capri s. S. 69.

Pompeji

Am 24. August des Jahres 79 n. Chr. brach der Vesuv aus. Pompeji war zu dieser Zeit der Wohnort reicher Römer und lag höchstwahrscheinlich noch am Meer (das heute durch die zunehmende Verlandung zwei Kilometer entfernt ist). Die Lava des Vulkanausbruchs erreichte Pompeji nicht, es wurde jedoch vom Aschenregen bedeckt, teilweise durch eine bis zu 7 m dicke Schicht. Die Bewohner hatten keine Chance, der Katastrophe zu entkommen, sie wurden in ihrem täglichen Leben überrascht. Der Archäologe Giuseppe Fiorelli entwickelte 1863 eine Methode, die dies erschütternd zeigt. Er ließ die Hohlräume in der versteinerten Aschenschicht, die die verwesten Körper hinterlassen hatten, mit Gips ausgießen. Einige dieser gruseligen Figuren sind im Antiquarium, an der Westseite des Forums zu sehen.

Die ersten Ausgrabungen im 19. Jh. zerstörten mehr, als dass sie Schätze zutage förderten; was gefunden wurde, kam nicht selten auf den Schwarzmarkt. Mitte des 20. Jh. begann man mit Grabungen unter wissenschaftlichen Gesichtspunkten unter der Leitung von Amedeo Maiuri, der auf Capri die Ausgrabungen der Villa Jovis und der Villa Damecuta leitete.

Der Aufenthalt in Pompeji kann einen ganzen Tag in Anspruch nehmen, drei Stunden sollte man mindestens für den Rundgang einplanen, um wenigstens die wichtigsten Sehenswürdigkeiten kurz betrachten zu können. Wer keinen der ausführlichen Führer (in der Buchhandlung am Eingang) kaufen möchte, kann einfach den verschiedenfarbigen Rundgängen folgen. Noch besser ist es, sich durch die Gassen treiben zu lassen, den Massen zu folgen – denn sie steuern die Sehenswürdigkeiten an – und ab und zu wieder eine unbelebten Weg einzuschlagen (Karte s. Rückseite Faltplan).

Villa dei Misteri: Die Villa liegt etwas abseits des Geländes, der kleine Spaziergang lohnt sich aber: Hier ist der wohl bedeutendste erhaltene römische Freskenzyklus zu sehen. Die großartigen Wandmalereien zum Dionysus-Kult zeigen 29 lebensgroße Figuren auf leuchtend rotem Hintergrund und sind vermutlich die von einem kampanischen Künstler ausgeführte Kopie eines hellenisti-

Ausflug in antikes Alltagsleben

schen Originals aus dem 3. Jh. v. Chr. Amedeo Maiuri, der die Ausgrabungen leitete, bezeichnete sie als eine »einzigartige Komposition aus Handlung und Erzählung – wie auf den großartigen Fresken der italienischen Meister.«

Forum: Der Platz bildete das Zentrum des öffentlichen Lebens, er war für den Wagenverkehr gesperrt und abgesehen von der Nordseite mit Portiken umgeben. Rund um das Forum stehen öffentliche Gebäude; in der Südwestecke befindet sich die für Justizverwaltung und Handel zuständige Basilika und an der Südseite stehen drei Kommunalbauten.

Lupanar: Nie zu verpassen, da sich davor, in der Via degli Augustali, fast immer kichernde Schulklassen versammeln. Das Lupanar war eines der Bordelle: Über den Türen zu den gemauerten Separees zeigen – recht harmlose – Fresken die zu erwartenden Freuden. Bis vor einigen Jahren war Frauen der Zutritt verwehrt!

Casa del Fauno: Das Haus des Fauns ist das größte und eines der prachtvollsten Stadthäuser von Pompeji, es wurde schon 1830 entdeckt. Man sieht mehrere Innenhöfe, einen Obstgarten, diverse Speisezimmer und weitere Räume. Hier wurden einige der

75

schönsten Mosaiken gefunden, die meisten sind heute im Nationalmuseum in Neapel ausgestellt. Berühmt ist neben dem reichen Mosaikschmuck die Figur des tanzenden Fauns, nach dem das Haus benannt wurde. Eine Kopie der Statue ist im Atrium zu sehen.

Casa del Poeto Tragico: Das Haus verdankt seinen Namen einem Mosaik, das ursprünglich im Tablinum (Speisesaal), dem Raum gegenüber dem Eingang, angebracht war; es zeigt die Probe zu einem Satyrspiel. Weit bekannter ist aber die Eingangsdekoration, das berühmte Mosaik mit der Inschrift *cave canem* – Vorsicht vor dem Hund!

Terme Stabiane: Die Stabianer Thermen sind die größten und ältesten Badeanlagen der Stadt. Die Anstalt, in der Männer und Frauen getrennt badeten, war großzügig ausgestattet. Besonders sehenswert sind die Stuckarbeiten und Malereien im Männerbad. Wie in allen Thermen, fand man auch hier verschiedene Baderäume, wie etwa Kalt- und Warmwasserbäder. Die Anlage war beheizt; in den eingestürzten Fußböden kann man die Heißluftkammern sehen, durch die die erhitzte Luft zirkulierte und so den Boden wärmte.

Casa del Labirinto: Das Haus steht gegenüber der Casa del Fauno, schön ist das Bodenmosaik, auf dem Minotaurus und Theseus dargestellt sind.

Foro Triangolare: Das Forum mit der ungewöhnlichen Form liegt am Ende der Via dei Teatri. Der friedliche Ort diente vermutlich

schon in vorrömischer Zeit als Kultstätte. Im südlichen Teil wurde ein griechischer Tempel ausgegraben, der aus dem 6. Jh. v. Chr. stammt, zu sehen ist auch ein Brunnenhaus aus dem 2. Jh. v. Chr. Der Torbau (Propylon), die vier Säulen am nördlichen Ende, stammt aus römischer Zeit.

Grande Palestra: Die Palästra öffnet sich auf der einen Seite zum Amphitheater hin, die anderen Seiten begrenzt ein großzügiger Portikus. In der Mitte des Geländes ist das Schwimmbecken, seit einigen Jahren umgeben von einer doppelten Platanenreihe. Archäologisch ermittelte Daten hatten ergeben, dass Platanen auch ursprünglich in der Palästra gepflanzt waren.

Via dell'Abbondanza: Eine der Hauptstraßen, die fast durch das ganze Gelände führt. Sie zieht sich vom Forum bis an das Ende des Ausgrabungsareals. Die Straße war mit Handwerksläden, Garküchen, Webereien, Bädern und anderen wichtigen Häusern gesäumt, auch heute bewegen sich hier die meisten Menschen. In das tiefe Pflaster sind Trittsteine eingelegt, so konnten Fußgänger die Straße trocken – und sauber – überqueren.

Amphitheater: Hier ereignete sich eine berühmte Schlägerei: Im Jahre 59 n. Chr. kam es während der Spiele zwischen Besuchern aus Nocera und den Pompejern zu einer schweren Rauferei. Nach dem Aufruhr blieb die Arena auf Beschluss des Senats zehn Jahre für Spiele gesperrt.

 **Azienda Autonoma di Turismo:** Via Sacra 1, Tel. 08 18 50 72 55, Fax 08 18 63 24 01.

Der Eintritt zur Ausgrabung kostet 6,50 €, geöffnet ist von 9 Uhr bis Sonnenuntergang.

Es gibt, in der Nordecke des Forums, einen überlaufenen Imbissstand und ein kleines Restaurant.

Im Juli und im August finden in den Amphitheatern von Pompeji **Musikfestspiele** mit internationalen Mitwirkenden statt. Karten sollte man sich frühzeitig bei der Azienda Autonoma di Turismo besorgen.

Der Ausflug nach Pompeji ist einfach zu organisieren, man schippert von Capri mit den Schiff nach **Sorrent,** fährt dann entweder mit dem Bus (Abfahrt direkt am Hafen) zum Bahnhof oder geht eine der steilen Treppen in die Altstadt hinauf und dann den Corso Italia entlang bis zum Bahnhof, letzteres dauert etwa 20 Minuten.

Der Nahverkehrszug Circumvesuviana verkehrt im 20-Minuten-Takt zwischen Neapel und Sorrent, die Fahrt nach Pompeji kostet etwa 2 € und dauert 20 Minuten, man steigt an der Haltestelle Pompei, Villa dei Misteri aus. Wenn man von **Neapel** aus anreisen möchte, steigt man am Hauptbahnhof (Stazione Centrale) in die Circumvesuviana ein, die Fahrt dauert dann etwas länger.

Sorrent

Ein probates Mittel gegen Inselkoller: Man fährt mit dem Schiff nach Sorrent und schlendert einen Tag durch das hübsche Städtchen. In den Altstadtgassen herrscht meist ein ziemliches Geschiebe und Gedränge, aber man findet hübsche Läden. Neben vielem Krimskrams und dem unvermeidlichen Limonenlikör gibt es echte Spezialitäten wie getrocknete Tomaten, Kräuter sowie Weine aus der Golfregion.

Ein ganz anderes Bild bietet sich am Meer: Auf dem Tuffplateau über dem Wasserspiegel reihen sich noble Hotels vom Ende des 19. Jh. aneinander. Glaubt man den Hotelprospekten, hat das Wandeln auf den herrlichen Terrassen so manchen Dichter zu schwermütigen Zeilen und so manchen Komponisten zu traurigen, sehnsüchtigen Weisen inspiriert.

Mit den Kunstschätzen Neapels kann Sorrent bei weitem nicht konkurrieren. Dennoch lohnt die ein oder andere Sehenswürdigkeit den Besuch für Interessierte. Vor

Verhängnisvolle Locke

Wenn im Mittelalter irgendwo die Pest ausbrach, gab es auch bald eine Legende dazu, oft erzählte sie von Heilungen, auf Capri dagegen von der Entstehung der Pest: 1656 soll ein Mädchen vom Festland ihrem Verlobten auf Capri eine Locke geschickt haben. Damit soll sich die Epidemie auf der Insel ausgebreitet haben.

allem aber ist das Städtchen selbst eine Visite wert. Das gemütlich Hin- und Herschlendern in den Altstadtgassen, das Betrachten der noblen Hotels und vor allem die atemberaubende Aussicht von der Steilküste sind Programm genug. Und wer die Preise von Capri gewohnt ist, wird hier gerne einkaufen und gut essen gehen: Man bezahlt erheblich weniger als auf der Insel.

Dom SS. Filippo e Giacomo: Der Dom wurde in der zweiten Hälfte des 15. Jh. gebaut, an der Schauseite zum Corso Italia sieht man noch ein Portal von 1479. Die Fassade mit neugotischen Elementen entstand erst im 20. Jh. Das Innere überrascht mit einer vollständig barockisierten Einrichtung. Hinter dem Hauptaltar fällt das schöne mit Intarsien verzierte Chorgestühl auf. Holzeinlegearbeiten sind das für die Region typische Kunsthandwerk.

Der separat stehende Campanile wurde auf einem Bogendurchgang aus dem 12. Jh. gebaut.

Sedile Dominova: Auf einem kleinen Platz in einer Fußgängerzone der Altstadt (Ecke Via Giuliani und Via Cesareo) sieht man in einer Loggia mit Säulenfresken zu nahezu jeder Tageszeit alte Männer beim Kartenspiel. Das einstige Versammlungsgebäude des Stadtadels gehört heute einem Arbeiterzirkel. Die Majolika-Verkleidung der auffälligen Kuppel stammt aus dem 17. Jh.

San Francesco: Das schön geschnitzte Portal aus dem 16. Jh. fällt sofort ins Auge. Die Kirche wurde im 15. Jh. von den Franziskanern übernommen, einer der schönsten Plätze der Stadt ist der reizende Kreuzgang, eine stille Oase im Trubel. Zwei Flügel zeichnen sich durch sich überschneidende Arkadenbögen aus.

Sedile Dominova: Wer wagt, gewinnt!

Villa Comunale: Sowas nennt sich Stadtpark – eine der schönsten Aussichtsterrassen der Welt, das kann man ohne Übertreibung behaupten. Man muss nicht in einem der Nobelhotels wohnen, sondern kann sich auf ein öffentliches Bänkchen setzen, direkt neben der Kirche San Francesco, und auf den Golf von Neapel schauen.

Museo Correale di Terranova:
Via Correale 14, 9.30–12.30 Uhr und 16–19 Uhr, Mo geschl.
Im Palast aus dem 17. Jh., den die Grafen Correale der Stadt geschenkt haben. Ausgestellt werden Möbel, Porzellan, Gemälde und Kunsthandwerk der Region.

Tasso-Denkmal: Mit einem Denkmal auf dem nach ihm benannten Platz ehrt die Stadt ihren Dichtersohn Torquato Tasso, den Autor des Vers-Epos ›Gerusalemme liberata‹, ›Das befreite Jerusalem‹.

 Azienda Autonoma di Soggiorno Sorrento-Sant'Agnello: Via Luigi De Maio 35, Tel. 08 18 07 40 33, Fax 08 18 77 33 97, www.sorrento tourism.com, im Aug. tgl. bis 19.30, sonst Mo–Sa 8.45–14.15 und 15.30–18.30 Uhr, So geschl.

 Bellevue Syrene: Piazza della Vittoria 5,
Tel. 08 18 78 10 24,
Fax 08 18 78 39 63,
www.bellevue.it, Luxus.
Hier wohnten Kaiser, Könige – und Cäsaren. Denn das Hotel wurde auf den Resten einer römischen Villa aus dem 2. Jh. v. Chr. gebaut, in der Augustus residierte. Und auch die Liste der berühmten Dichter ist erklecklich: Zusammen mit Augustus soll sich hier Vergil aufgehalten haben; um

1500 wurde an dem wunderbaren Aussichtsplatz auf den steilen Klippen von Sorrent ein Wohnhaus gebaut, es gehörte Bernardino Sersale, dem Taufpaten von Torquato Tasso, dem berühmtesten Sohn der Stadt. 1820 wurde dann das Hotel gebaut, zu den berühmten Dichtern, die hier logierten zählen Harriet Beecher Stowe, sie schrieb hier ›Agnes von Sorrent‹, und Ivan Turgenjew, Autor des Romans ›Ein Abend in Sorrent‹. Kein Wunder, dass hier auch König Ludwig II. von Bayern gern wohnte, er hatte ja eine Ader für romantische Plätze.

Tramontano: Via V. Veneto 1, Tel. 08 18 78 25 88,
Fax 08 18 07 23 44,
www.tramontano.com, imperi al@tramontano.com. Luxus.
Wem soll man nun glauben? Auch dieses Hotel rühmt sich des Aufenthalts von Harriet Beecher Stowe, sie habe hier »Die Anregung zur ›Agnes von Sorrent‹ erhalten«, schreibt der Hotelprospekt. Als Dichter-Trumpf schüttelt man im Tramontano noch Ibsen aus dem Ärmel, er habe hier die ›Gespenster‹ geschrieben, verkündet eine Marmortafel an der Außenwand des gleichwohl wundervoll gelegenen Hotels. Und als Spezialität lässt man noch G. B. De Curtis für sich werben. Der Name mag deutschen Besuchern wenig sagen, doch seine Musik ist am Golf von Neapel allgegenwärtig: just auf der Hotelterrasse soll er seinen Ohrwurm ›Torna a Surriento‹ komponiert haben.

Gran Hotel Excelsior Vittoria:
Piazza Tasso 34,
Tel. 08 18 07 10 44,
Fax 08 18 77 12 06, www.exv itt.it, exvitt@exvitt.it, Luxus.

Typisch italienisch: Getümmel auf der Piazza Tasso in Sorrent

Das Vorrecht der Musik will man im Excelsior den Nachbarn nicht überlassen: Gleich in der langen Auffahrt verkündet eine Marmortafel, dass auf diesen Terrassen Enrico Caruso gewandelt sei. Was man allerdings verschweigt, ist, dass in diesem Hotel eine der schönsten neueren Balladen entstand, nämlich Lucio Dallas Hommage an seinen großen Sänger-Kollegen, die eben ›Caruso‹ heißt. »Qui dove il mar lucida e tira forte il vento, su una vecchia terrazza davanti al golfo di Sorriento, un uomo abbraccia una ragazza dopo che aveva pianto…«. Unvergleichlich ist das Frühstück in der Sala Vittoria. Man kann dort auch als Nicht-Gast frühstücken (11 €) – ein wundervoller Tagesbeginn nach der Überfahrt mit der Fähre – auch wenn es im Hotel nicht allzu gerne gesehen wird.

Capri: Corso Italia 212,
Tel. 08 18 78 12 51,
Fax 08 18 07 10 39, geöffnet Anfang April–Ende Okt., moderat.

Das Hotel liegt auf halbem Weg zwischen Bahnhof und Piazza Tasso, die Zimmer zur Straße sind zu meiden, es gibt aber auch ein paar ruhigere, die hinten hinaus in den Garten gehen.

Il Faro: Marina Piccola 5,
Tel. 08 18 78 13 90,
Fax 08 18 07 31 44, moderat.
Das Hotel liegt nicht besonders ruhig direkt am Hafen, was aber praktisch sein kann. Zudem hat es eine hübsche Frühstücksterrasse auf dem Dach des Hauses – zu Füßen der Luxushotels.

Caruso: Via Sant'Antonino 12, Tel. 08 18 07 31 56.
Das Restaurant liegt zwar nur wenige Schritte vom touristischen Zentrum entfernt, ist aber ein vollendetes Feinschmeckerlokal, mit entsprechenden Preisen. Die Gänge tragen so poetische Namen wie ›Preludio del Gourmet‹ für die Antipasti und ›Sinfonia del Tirreno‹, damit ist natürlich der Fisch gemeint.

La Favorita: Corso Italia 71,
Tel. 08 18 78 13 21, tgl. geöffnet,
im Winter Mi geschl..
Das Restaurant ist besser bekannt
unter dem alten Namen O'Parru-
chiano. Hier, »beim Pfarrer«, isst
man ausgezeichnet, im Wortsin-
ne, wie die zahlreichen Preise und
Zeitungsartikel in den Eingangs-
wänden zeigen. Ungewöhnlich ist
die große Auswahl an Suppen –
und vor allem das Ambiente: Man
sitzt im steil ansteigenden, großen
Innenhof unter Pergolen, zwischen Zitronen und unter exoti-
schen Grünpflanzen.

L'Antica Trattoria:
Via P. R. Giuliani,
Tel. 08 18 07 10 82,
Mo geschl.
Man genießt in einem reizenden
Innenhof oder in klimatisierten
Räumen die Kochkunst einer alten
Trattoria. Als Besonderheiten gibt
es verschiedene mehrgängige Me-
nüs, die bis zu 50 € kosten kön-
nen, aber alle Köstlichkeiten des
Golfs umfassen. Spezialität des
Hauses sind Nudeln mit Erdbeeren
(Garganelli con fragole 12 €).

La Frusta Sorrentina: Via S. M.
Pietà 15, Tel. 08 18 07 13 24,
Mi geschl.
»Auch mittags Pizza« – um Lokale
mit diesen Schildern ist meist besser ein großer Bogen zu machen,
da sie mit schneller Laufkund-
schaft rechnen. Die Frusta ist allerdings eine Ausnahme, hier isst
man einfach und gut, zu günstigen Preisen zudem. Fast Food all'
italiana. Das kleine Lokal liegt
etwas versteckt in der Straße
oberhalb der Fußgängerzonen in
der Altstadt.

Bar Fauno: Piazza Tasso 13,
tgl. 8–23 Uhr.

Für den Kaffee oder einen frisch-
gepressten Orangensaft zwi-
schendurch der beste Platz: Mitten im Trubel.

 Stinga: Werkstatt,
Via degli Aranci 102,
Tel. 08 18 78 11 30;
Laden: Via L. De Maio 16,
Tel./Fax 08 18 78 11 65.
Stinga Tarsia gehört zu den ältesten Geschäften, die die berühmten Holzeinlegearbeiten von
Sorrent herstellen. Seit 1890 ver-
kaufen sie Tabletts, Schmucksch-
tullen, Wandteller und Bilderrah-
men in verschiedenen Holzarbei-
ten, außerdem gibt es eine große
Auswahl an Korallen und Ca-
meen.

Piemme: Corso Italia 161,
Tel. 08 18 07 29 27.
Ein Feinschmecker-Geschäft, ver-
kauft werden eigene Produkte wie
der unvermeidliche Limoncello,
Schokolade, Süßigkeiten und ein-
gelegte Früchte als auch Keramik
und Geschirr. Die Produktionsstät-
te hat ebenfalls eine Verkaufsstel-
le: Fabbrica di Liquori e Confettu-
re, Corso Italia, 374 S. Agnello,
Tel./Fax 08 15 32 21 99.

 Bei der traditionellen **Kar-
freitagsprozession** ziehen
schweigsame Kapuzenträger durch
die Straßen der Stadt.
Bootsprozession am ersten So
im Juli.
17. September: Marienfest mit
großem Markt.

Von Neapel mit dem **Nah-
verkehrszug Circumvesu-
viana** nach Sorrent. Die Züge fahren im 20-Minuten-Takt.
Tel. 08 17 72 24 44.
Fährverbindungen zwischen Sorrent und Capri s. S. 69.

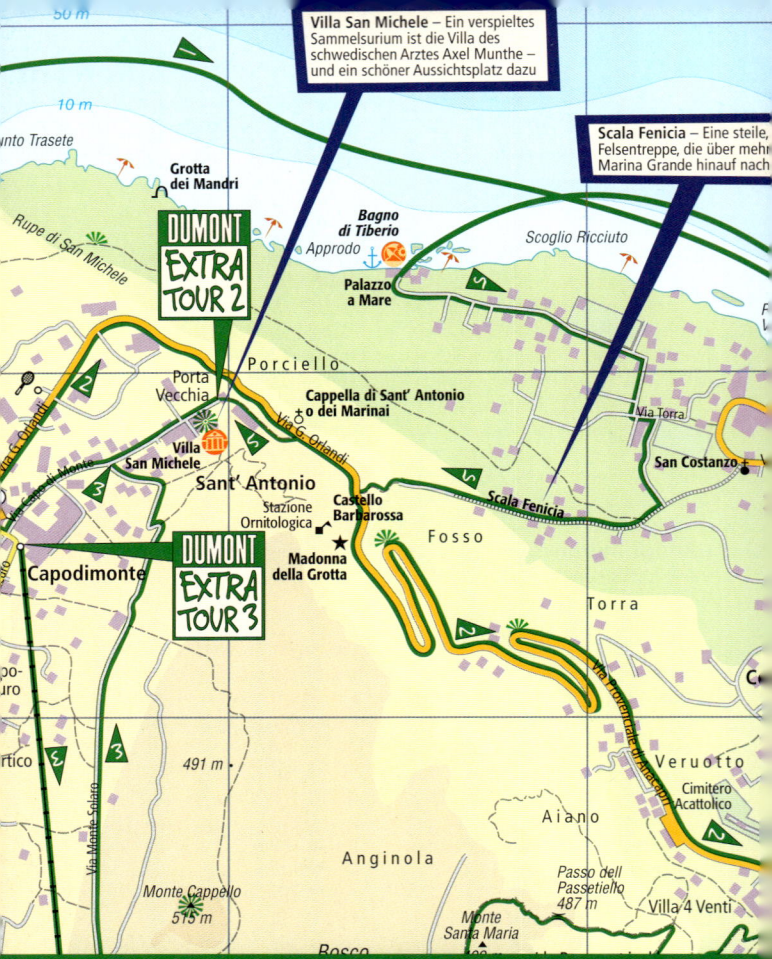

Villa San Michele – Ein verspieltes Sammelsurium ist die Villa des schwedischen Arztes Axel Munthe – und ein schöner Aussichtsplatz dazu

Scala Fenicia – Eine steile, Felsentreppe, die über mehr Marina Grande hinauf nach

50 m

10 m

unto Trasete

Grotta dei Mandri

Rupe di San Michele

Bagno di Tiberio
Approdo

Scoglio Ricciuto

DUMONT EXTRA TOUR 2

Palazzo a Mare

Porciello

Porta Vecchia

Cappella di Sant' Antonio o dei Marinai

Via G. Orlandi

Via Torra

San Costanzo

Villa San Michele

Sant' Antonio

Stazione Ornitologica

Castello Barbarossa

Scala Fenicia

DUMONT EXTRA TOUR 3

Fosso

Madonna della Grotta

Torra

Capodimonte

491 m

Anginola

Via Fondiclà Dràgomano

Veruotto

Cimitero Acattolico

Aiano

Monte Cappello
515 m

Monte Santa Maria

Passo dell Passetiello
487 m

Villa 4 Venti

Bosco

EXTRA-

Fünf Extra-Touren auf Capri

1. Im Boot rund um die Insel

2. Die schönsten Gärten auf Capri

le, ›phönizische‹
ehr als 800 Stufen von
ch Anacapri führt

Punta
Vivara

*Marina
Grande*

Via C. Colombo

Via Marina Grande

*Porto
Commerciale*

Ufficio Turistico

Marina Grande

Via C. Colombo

Porto Turistico

Darsena

**DUMONT
EXTRA
TOUR**

Belvedere Ces

Ca

232

Piazza
Fontana

Funicolare (Zahnradbahn)

Gasto

*Monte
San Michele*
277 m

Piazza Umberto I. – Die
Piazzetta ist wirklich ein
schönes ›Plätzchen‹, hier
trifft sich Tag und Nacht
ganz Capri

San Miche
(rovine)

rigliano

Via Martella

Via Marina Grande

Via Truglio

Gobbe Ruocco

Via Lunga

Via S. Costanzo

Via S. Francesco

CAPRI

Via Sopramonte

San Michelle
la Croce

Via Veruotto

**DUMONT
EXTRA
TOUR 5**

**Palazzo
a Canale**

Via lo Palazzo

Via Marina Grande

Via Marina Grande

**Ufficio
Turistico**

Piazza
Umberto I.

Sant' Anna

Via Bottgeghe Via Fuorlovado

Via Croce

Acquaviva

**Santo
Stefano**

Via Camerelle

Via lo Palazzo

Largo – Via Roma Due Golfi

**Convento
delle Teresiane**

Via

Touren

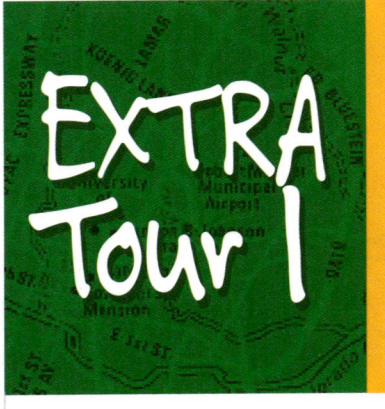

Mit dem Boot rund um die Insel

Auch wenn man die Insel schon auf vielen Spaziergängen erkundet hat, so lohnt sich doch die Fahrt mit dem Boot: Vom Wasser aus sieht alles ganz anders aus.

Die Boote legen in **Marina Grande** (H 3) ab, meistens lässt sich vorher nicht herausbekommen, in welche Richtung das Boot fährt. Es hängt ab vom ›Verkehrsaufkommen‹ an der Blauen Grotte, die folgende Beschreibung verläuft Richtung Osten.

Schon bald nach der Ausfahrt von der Marina Grande sieht man die Häuser von Capri-Stadt nicht mehr, die steile Felsenküste drängt sich ins Blickfeld. Erster markanter Punkt ist unterhalb der strahlend weißen und an exponierter Stelle gebauter Villa Fersen die **Punta del Capo** (L 2; s. S. 52), dort sitzt auf einem Felsbrocken – ein Junge. Nachdem sich die Verblüffung gelegt hat, erkennt man, dass es sich um eine Skulptur handelt; sie stellt einen *scugnizzo* dar, so nennt man die Straßenjungs von Neapel.

Wenn das Boot Richtung Süden wendet, kommt man am berühmten **Salto di Tiberio** (M 3) vorbei, der unterhalb der Villa Jovis liegt. Der Legende nach soll Tiberius hier Widersacher und unliebsame Gefährtinnen ins Meer gestoßen haben. Doch nach neueren Forschungen ist an dieser Gruselgeschichte nichts Wahres dran.

Weiter südlich folgt die Cala Matermània, eine weite Bucht, über der sich der **Arco Naturale** (K 4; s. S. 52) in den Himmel spannt. Das nächste Spektakel lässt nicht lange auf sich warten: Die Punta di Massullo, auf der die extravagante **Casa Malaparte** (L 5; s. S. 52) thront, vom Dichter Curzio Malaparte in aller »Bescheidenheit« ›Casa come me‹ – ein Haus wie ich – genannt.

Der nächste Höhepunkt ist die vielleicht schönste Stelle der Küstenlinie, die berühmten **Faraglioni** (K 6; s. S. 54), drei markante Felsformationen am südöstlichen Zipfel der Insel. Mit dem Boot hat man das Vergnügen, unter dem Faraglione di mezzo hindurchzufahren.

Zum Vorteil der schönen Sicht kommt bei einer Bootstour der Esprit der Fahrer: Jeder Bootsführer kennt Geschichten, die in keinem Führer stehen – oder in fast keinem. Die Champagnergrotte an

Ausflugsziel Nr. 1: Die Blaue Grotte

der Südküste zum Beispiel: In eine Höhlung unterhalb der Wasseroberfläche wird bei jeder Welle Wasser gepresst und schießt aus einem kleinen Loch wieder heraus, in feinem Sprühregen, als hätte man eine Flasche Champagner geöffnet.

Nun folgt ein sehr steiler Küstenabschnitt; in der Höhe sieht man die Besucher der Giardini di Augusto, kurz danach wird der Blick frei auf die spektakuläre **Via Krupp** (H 5; s. S. 53), und schließlich passiert man den zweiten Hafen der Insel, **Marina Piccola** (G 5; s. S. 48f.). Vom einstigen Fischerort ist so gut wie nichts übrig geblieben, mehrere Badeanstalten spannen sich am Ufer entlang.

Der wildeste Küstenabschnitt liegt zu Füßen des **Monte Solaro** (E 5; s. S. 35f.). Hier muss man im Boot den Kopf weit zurücklegen, um die Blicke die Wände hinaufschweifen zu lassen.

Am südwestlichen Ende der Insel wird die See meist etwas rauer, hier, an der **Punta Carena** (A 7), steht der Leuchtturm der Insel, hinter diesem gibt es einen fjordartigen Einschnitt, in dem sich ebenfalls ein kleiner Strand befindet.

Kurz danach, nun geht es in nördlicher Richtung voran, stößt man auf zwei napoleonische Wehrtürme, sie stehen auf der Punta del Pino und der Punta Campetiello. An der Punta dell'Arcera geht die Nordküste in die Westküste über. Hier ist ein weiterer markanter Turm zu erkennen, die Torre Damecuta. Wenngleich der Turm auf dem Gelände der römischen Villa Damecuta steht, wurde er doch erst im 16. Jh., zur Zeit der Sarazeneneinfälle gebaut. Kurz darauf – nicht zu übersehen – befindet man sich im Getümmel vor der **Blauen Grotte** (B 2; s. S. 38). Die meisten Ausflugsboote legen einen längeren Stopp ein, um es ihren Fahrgästen zu ermöglichen, in ein Ruderboot umzusteigen und die Grotte zu besichtigen.

Weiter geht es an senkrechten Felswänden vorbei. Erst unterhalb der Rupe di San Michele wird die Insel flach. Hier passiert man die Reste des **Palazzo a Mare** (F 2). Nach etwa einem weiteren Kilometer fährt das Boot wieder in den Hafen von Marina Grande ein.

Tipp: Sonnencreme und etwas zu trinken nicht vergessen.

Tour: Bootstour, ca. 1,5 Std.

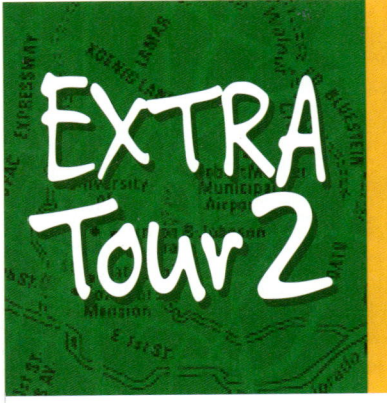

Die schönsten Gärten auf Capri

Zur Anacapreser Villa San Michele gelangt man von der Bushaltestelle auf der Piazza della Vittoria, indem man die Stufen zum Kaufhaus Maiorita hochsteigt und dann auf der Via Axel Munthe an unzähligen Souvenirständen vorbei promeniert.

Die **Villa San Michele** (E 3; s. S. 32f.) ist eine der bekanntesten Sehenswürdigkeiten von Capri, nicht zuletzt wegen der Memoiren ihres Erbauers: Der schwedische Arzt Axel Munthe (1857–1949) schrieb 1929 ›Das Buch von San Michele‹, es wurde in fast 50 Sprachen übersetzt. Der Garten seiner Villa ist einer der schönsten Orte der Insel. Das Wohnhaus ist ein rechtes Sammelsurium an unterschiedlichen Stilen, integriert wurden sowohl eine Kapelle – daher der Name – als auch die Reste einer römischen Villa. Außerdem sammelte Munthe zahlreiche auf der Insel gefundene Ausgrabungsstücke – sowie auf seinen Reisen viele Büsche und Bäume, die er hier anpflanzen ließ.

Wohltuenden Schatten spendet die Zypressenallee, und da Munthe einen Bach haben wollte, ließ er einen schmalen Wasserlauf anlegen, ein Kuriosum für Capri, das über keine Quellen verfügt. Früher wurde das Wasser der Insel in zahllosen Zisternen gesammelt, heute gibt es auf dem Meeresgrund eine Trinkwasserleitung von Sorrent nach Capri. Im sogenannten Olivetum erfährt man anhand von Schautafeln Wissenswertes zur Flora und Fauna der Insel. Die blumenumrankte Pergola ist sicher die schönste Ecke der Anlage, sie führt zu dem berühmten Aussichtsplatz, an dem die steinerne Sphinx über die Insel blickt. Die Flanken der Skulptur glänzen speckig, es heißt, dass Wünsche in Erfüllung gehen, wenn man darüber streicht.

Um zu den **Gärten des Augustus** (H 5; s. S. 46f.) zu gelangen, fährt man mit dem Bus zurück nach Capri und geht von der Piazzetta die Via Vittorio Emanuele hinunter bis zum Hotel Quisisana, weiter in die Via Serena und biegt dann rechts ein in die Via Matteotti. Der Weg ist kaum zu verfehlen; er ist erstens ausgeschildert und zweitens meistens ziemlich bevölkert. Trotz des römischen Namens – die Gartenanlage hat mit Kaiser Augustus nichts zu tun. Der deutsche Industrielle Alfred Krupp ließ

Erfrischende Kühle abseits vom Strand: Die Gärten von Capri

sie an der Wende zum 20. Jh. gestalten, später machte er sie öffentlich zugänglich und übereignete sie der Gemeinde, die dem Garten den römisch angehauchten Namen gab. Der Garten ist eine schöne Mischung aus wilder Mittelmeervegetation und angelegten Beeten. Zwischen Blumenrabatten glänzen Marmorkopien im Sonnenlicht, auf den Bänkchen kann man vom Spaziergang ausruhen. Von den Terrassen hat man einen guten Blick auf die Steilküste und die Serpentinenstraße Via Krupp.

In dem Garten wird noch eines anderen Besuchers gedacht; auf einer der Terrassen steht ein kleines Lenin-Denkmal; der Revolutionär besuchte zu Anfang des 20. Jh. den Schriftsteller Maxim Gorki, der einige Jahre mit seiner Lebensgefährtin Maria Feodorowna Gelabuschskaja auf Capri wohnte.

Nur wenige Schritte entfernt von den stets gut besuchten Giardini di Augusto gibt es einen kleinen, ruhigen Garten: der **Klostergarten der Certosa di San Giacomo** (J 5; s. S. 46). Dazu folgt man der Via Matteotti zurück zum Kloster, dessen großer und kleiner Kreuzgang den Besuchern manch-

mal ebenfalls ruhige Minuten gönnen. Um in den Garten zu gelangen, geht man jedoch nicht ins Kloster selbst, sondern tritt kurz vorher links in ein Tor, das an der Außenmauer des Klosters Richtung Meer führt. Das Meer erreicht man allerdings nicht, es liegt weit unten; der kleine Klostergarten bietet einige schattige Bänkchen unter Pinien sowie eine kleine Aussichtsterrasse, von der man einen sehr schönen Blick auf die berühmten Faraglioni hat.

Wer im Frühjahr nach Capri kommt, hat das Privileg, schöne Gärten nicht suchen zu müssen: Die Blumenpracht der Insel ist überwältigend. Während außerhalb der Dörfer wilder Ginster blüht und seinen schweren Duft mit dem der Orangenblüten mischt, blühen in Capri und Anacapri die Gärten mit überbordender Üppigkeit. Einen der schönsten Rosengärten der Insel findet man in Capri in der Via Matermània Nr. 30. Der Garten ist privat, durch das schmiedeeiserne Gitter sieht man aber Rosen von Weiß über Gelb bis beinahe Schwarzrot erblühen.

Tour: Spaziergang mit Busfahrt, Gehstrecke höchstens 4 km

Auf den Monte Solaro

Schöne Aussichtplätze auf Capri gibt es viele, aber der höchste ist auch der allerschönste. Die einfachste Art, den Berg zu erklimmen, ist per Bahn: Direkt in der Ortsmitte von **Anacapri** (D 3; s. S. 30ff.), oberhalb der Piazza della Vittoria, startet der Sessellift auf den Monte Solaro. Er wurde 1999 komplett renoviert und mit neuen Sesseln ausgestattet, die Fahrt dauert etwa zehn Minuten.

Vom Gipfel des **Monte Solaro** (E 5; s. S. 35f.), mit 589 m die höchste Erhebung der Insel, hat man einen herrlichen Rundblick. Zu Füßen des Betrachters breitet sich der Ort Capri auf den Hängen des Monte San Michele aus, dahinter ist die Villa Jovis zu erkennen. Rechter Hand spicken die Faraglioni aus dem Wasser, linker Hand kann man dem Schiffsverkehr in der Marina Grande zusehen. Am Horizont steigt die Küstenlinie des Festlands empor, steil aufragend die Felsen von Sorrent, weiter links und oft im Dunst der Vesuv, noch weiter im Norden die Bucht von Neapel. Wer länger hier oben verweilen möchte: Es gibt auch ein Terrassenrestaurant.

Der Abstieg nach Anacapri, mit dem kleinen Umweg zur Einsiedelei **Santa Maria a Cetrella** (F 5; s. S. 35f.), ist einfach zu bewältigen, nur das erste Stück geht etwas steil durch den Wald hinunter, doch schon nach einer Viertelstunde steht man an dem kleinen Wegkreuz La Crocetta und der Abzweigung zur Einsiedelei. Nur etwa fünf Minuten geht man auf einem breiten, ebenen Weg in die Mulde zwischen dem Monte Solaro und dem Monte Santa Maria, in der Santa Maria a Cetrella liegt; hinter der Einsiedelei bricht die Felswand senkrecht ab, hinunter in das Gemeindegebiet von Capri. Eine erste Klosteranlage soll hier um 1400 errichtet worden sein, 1664 wurde die heutige Anlage erbaut. Nur im September ist die kleine Kirche jeden Sonntag geöffnet; um 7.30 Uhr wird eine Messe gelesen. An Mariä Himmelfahrt, dem 15. August, findet eine Wallfahrt zur Einsiedelei statt; weitere Prozessionen am 7. und 8. September.

Um nach Anacapri zu gelangen, folgt man demselben Weg zurück bis zur Wegkreuzung. Im Frühsommer spaziert man hier durch üppiges Grün, geht im Schatten von Steineichen und Kastanien,

Ein (fast) himmlisches Vergnügen: Per Seilbahn zum Gipfel

zwischen Ginsterbüschen blühen Zistrose, Myrte, Goldregen, eine bunte Blumenvielfalt. Von der Wegkreuzung ab führt ein gemütlicher Weg in weiten Serpentinen den Hang hinunter. Er mündet in der Nähe der Villa San Michele in die Viale Axel Munthe.

Natürlich kann man den Monte Solaro auch zu Fuß erklimmen, es erfordert nur etwas Kondition. Schön ist diese Wanderung kurz vor Betriebsschluss der Seilbahn (etwa gegen Sonnenuntergang); dann kann man die schöne Aussicht ungestört genießen, da um diese Uhrzeit nur noch wenige Menschen auf dem Gipfel sind.

Außer dem Weg nach Anacapri gibt es eine Abstiegsvariante nach Capri, die allerdings nur geübten Bergwanderern zu empfehlen ist: der **Passatiello** (F 4–G 4). Der Felspfad ist die älteste Verbindung zwischen Capri und Anacapri, bis zum Bau der Straße 1874 gab es überhaupt nur diese Verbindung, sieht man von dem Umweg über Marina Grande und die Scala Fenicia ab. Zum Passatiello gelangt man von Santa Maria a Cetrella aus. Links des Eingangs zur Kirche gibt es an einem Felsblock am Boden ein Majolika-Schild und einen roten Pfeil, die den Weg anzeigen. Zunächst geht man auf dem Kamm entlang, und nähert sich schließlich dem oberen Einstieg in die Felswand. Durch einen steilen Wiesenhang windet sich der Weg, immer mit Blick auf Capri, schließlich, nach etwa 15 Min., biegt er scharf nach links ab, auf dunkle Felsen zu. Hier ist denn auch die Schlüsselstelle, eben der Passatiello. Man muss einige Meter hinunterklettern, es ist nicht schwierig, aber trittsicher sollte man schon sein. Danach führt der Weg in dichtem Wald und Gestrüpp in steilen Serpentinen, aber völlig ungefährlich bergab. Man kommt immer weiter nach links, also Richtung Verkehrsstraße nach Anacapri. Schließlich biegt der Weg spitz nach rechts ab, und nun geht man unter der steilen Felswand entlang, Richtung Largo Due Golfi, dem Sattel zwischen Marina Grande und Marina Piccola. Der gesamte Weg ist nicht zu verfehlen, er ist durchgehend rot markiert. Nach ca. eineinhalb Stunden erreicht man **Capri** (H 4; s. S. 44ff.). **Tour:** kleine Wanderung mit Seilbahnfahrt

Zu den Ausgrabungen der Tiberius-Villen

Diese Tour führt auf die Spuren der Römer und hier vor allem zu den Hinterlassenschaften des Kaisers Tiberius. Er regierte von 26 bis 37 n. Chr. das Römische Weltreich von Capri aus. Zwölf Villen soll Tiberius auf der Insel gebaut haben, die Reste von dreien sind noch heute zu besichtigen.

Am besten erhalten ist die Villa Jovis, oft Tiberius-Villa genannt. Ein etwa einstündiger Spaziergang führt von **Capri-Stadt** (H 4; s. S. 44ff.) hierhin. Man startet an der Piazzetta und biegt in die Via Le Botthege ein. Bald geht es links steil aufwärts, man folgt gut ausgeschildert den Keramik-Kacheln zur Villa Jovis, später geht der Weg entlang der Via Tiberio und führt vorbei an Häusern und Gärten in eine ländlichere Umgebung. Hier spaziert man durch Weinpflanzungen und Gemüsegärten. Kurz vor den römischen Ruinen erreicht man rechter Hand den **Parco Astarita** (L 3; s. S. 54), der seit kurzem wieder zugänglich ist.

Die **Villa Jovis** (L 3; s. S. 54), benannt nach dem Gott Jupiter, breitet sich auf dem Kliff aus, unten sieht man Fischerboote, die ihre Netze auswerfen. Von diesen Klippen soll Tiberius missliebige Menschen hinuntergestoßen haben. Diese Gerüchte wurden durch neuere Forschung allerdings widerlegt. Die Palastanlage war schon bald zum Steinbruch geworden, die Bewohner Capris bedienten sich dort für den Hausbau, Mosaiken wurden herausgelöst und zum Beispiel in die Kirche Santo Stefano eingebaut. Die größten Schäden richtete vermutlich der erste Hobby-Archäologe an: Der österreichische Diplomat Hadrawa trieb hier im späten 19. Jh. sein Unwesen. In den 30er Jahren des 20. Jh. erforschte Amedeo Maiuri das Gelände.

Markante Punkte sind die Zisternen, die vom Innenhof aus den Palast mit Wasser versorgten. Östlich der Zisternen befand sich der Repräsentationsbereich, nördlich davon lagen die Privatgemächer, und noch etwas weiter nördlich ist der 92 m lange Wandelgang zu erkennen. Im Schatten großer Bäume hat man hier atemberaubende Blicke aufs Meer. Im Mittelalter wurde auf dem Gelände der Kaiservilla eine den hll. Christopherus und Leonhard geweihte Kapelle

Hier ist Fantasie gefordert: Ehemaliger Kaiserpalast Villa Jovis

errichtet, die später zur Cappella Santa Maria del Soccorso umgebaut wurde, vor dieser steht seit 1979 eine riesige Marienfigur.

Zurück in den Ort gelangt man auf demselben Weg und geht dann auf der Via San Francesco bei der Standseilbahn hinunter nach Marina Grande. Links vom eigentlichen Hafen starten die Boote zum **Palazzo a Mare** (F 2) – wenngleich das Ziel heute offiziell Bagno di Tiberio heißt. Im gleichnamigen Fischrestaurant kann man zu Mittag essen und die Blicke über die römischen Mauerreste schweifen lassen. Hier stand eine Villa – vermutlich als einzige – direkt am Ufer.

Wenn man die gesamte Tour an einem Tag macht, steht nun noch ein ordentliches Wegstück bevor: Man geht vom Palazzo a Mare zu Fuß zurück Richtung Marina Grande. Nahe der Kirche San Costanzo stößt man auf die Hauptstraße, hier biegt man ein in die Via Scale Fenice – die man schließlich erklimmt. Durch steilen Fels führt diese Treppe auf die Hochebene von Anacapri. Aus phönizischer Zeit, wie der Name vorgaukelt, stammt sie nicht; vermutlich wurde sie von griechischen Kolonisten angelegt.

Über die Treppe gelangt man auf die verkehrsreiche Hauptstraße, verlässt diese aber bald wieder und steigt links der Straße bis zur Villa San Michele hinauf. Nun weiter zur Ortsmitte von Anacapri und ins Viertel Le Boffe. Von Le Boffe bis zur **Villa Damecuta** (B 2; s. S. 37f.) geht man etwa eine dreiviertel Stunde: die Via Traversa La Vigna (den Schildern zur Villa Eva nach) entlang geht es ständig leicht bergab, schließlich einer Mauer folgen bis zu einer nicht sehr offensichtlichen Wegkreuzung (rechts Schilder ›Ristorante‹, hier links abbiegen bis zur Via Grotta Azzurra, diese bergab, dann scharf rechts in die Via Amedeo Maiuri. Jetzt befindet man sich auf dem direkten Weg zur Villa Damecuta. Auch dieser Bau lag an einem spektakulären Platz, der Blick schweift über den Golf von Neapel. Die Villa wurde vermutlich schon bald nach dem Tod des Tiberius aufgegeben, ein Erdbeben im Jahr 37 n. Chr. sowie der Ausbruch des Vesuv 79 n. Chr. taten ihr Übriges.

Tagestour: ca. 10 km, etwas anstrengender Spaziergang

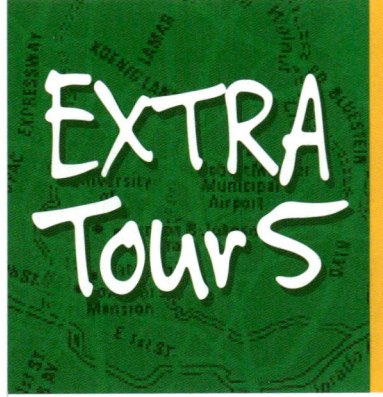

In die Blaue Grotte und zum roten Sonnenuntergang

Diese Tour für Romantiker und Verliebte führt zunächst zur Blauen Grotte und dann zu einem wundervollen Platz, an dem man dem Sonnenuntergang im Meer zusehen kann.

Man startet im Anacapreser Ortsteil **Le Boffe** (C 3; s. S. 33) und biegt später in die Vecchia Via Grotta Azzurra ab. Die Straße führt immer steiler bergab. Dann hört der Teerbelag auf, man folgt einem Bergpfad. Badeschlappen sind nicht geeignet, man sollte schon Turnschuhe tragen, zudem sich hier häufig Schlangen sonnen. Nach wenigen Minuten wird der Weg flacher, führt in Serpentinen an einigen Häusern vorbei. Bei der Hausnummer 40 macht er eine scharfe Biegung, hier stößt man auf Reste der römischen Villa Gradola. Bis heute haben sich Gerüchte gehalten, von der Blauen Grotte habe es unterirdische Verbindungen zu römischen Villen gegeben. Allerdings konnte diese Theorie bislang nicht bewiesen werden. Kurz darauf erreicht man die

Blaue Grotte (B 2; s. S. 38), vor der sich in der Hauptsaison ein unglaubliches Spektakel abspielt. Eine Herde von Ruderbooten schwimmt am Eingang, je drei Gäste liegen beinahe auf dem Boden der Boote. Nach einem ausgeklügelten System werden die Boote eingelassen – und nach nur wenigen Minuten schießen sie wieder heraus. Dafür bezahlt man 4,50 € und für das Ruderboot nochmals 5 €. All das wäre abschreckend – wenn die Grotte nicht so wundervoll wäre.

1826 entdeckte der Dichter und Maler August Kopisch die Blaue Grotte, oder, genauer gesagt, verwandelte eine »verrufene Höhle« in ein Sehnsuchtsziel romantischer Italienreisender. Die Einheimischen kannten die Grotte, aber sie betraten sie nicht; »die Teufelsfurcht war zu gewaltig in ihnen«, schrieb Kopisch. Also wagte sich der beherzte Deutsche hinein – und war entzückt über das Wasser »gleich blauen Flammen entzündeten Weingeistes«. Heute besuchen im Sommer 2000 Touristen am Tag die Grotte, die T-Shirts der Ruderer verraten die Länder, in denen sie ihren Urlaub verbracht haben: Bali und Maui, San Francisco oder New

Wenn bei Capri (?) die rote Sonne im Meer versinkt…

York. Das Hineinschwimmen ist nicht erlaubt, während der Anwesenheit der Ruderer verbietet es sich ohnehin von selbst, da ein unglaubliches Gedränge auf dem Wasser herrscht. Aber nach 17 Uhr sieht man immer wieder Menschen in Badekleidung die Treppe hinabsteigen…

Weiter geht es mit dem Bus zurück in den Ortsteil Caprile. Von dort folgt man wenige Meter der Via Nuova del Faro, dann scharf rechts unterhalb der Häuser von Caprile wieder in den Ort hinein abbiegen. Bald zweigt nach links die Vecchia Via del Faro ab. Dieser folgt man bis zur Hauptstraße, überquert diese und wandert weiter, nun oberhalb der Torre Materita, in der Axel Munthe seine letzten Lebensjahre verbrachte. Die Straße führt im Schatten alter Eichen und Steineichen, an einer hohen Mauer um den großen Park herum. Schließlich stößt man wieder auf die Hauptstraße, der man aber nur wenige hundert Meter folgt, rechter Hand kommt eine Bushaltestelle mit Altglascontainern, kurz danach folgt man rechts dem Majolika-Schild ›per il Fortino‹.

Nun führt der Weg unterhalb der Straße entlang, ruhig und mit schöner Aussicht. Bald folgt man der steilen, breiten Treppe bergab, immer schön schattig durch den Wald. E voilá: Man erreicht den kleinen Fjord mit dem Leuchtturm. Rechter Hand die Badeanstalt **Lido del Faro** (A 7; s. S. 41) mit dem gleichnamigen Restaurant. Nicht vergessen, einen Tisch zu reservieren, denn hier will man nun den Abend verbringen, bis der Mond sich silbern im Meer vervielfältigt. Doch zuerst erlebt man, wie sich ein alter Schlager verwandelt…

Der deutsche Historiker Ferdinand Gregorovius beschreibt die Szenerie: »Die Sonne sinkt hinter Ischia. Schon glüht das weite Meer im Westen von dunklem Purpur, und der Fels von Ponza, der sich aus der Flut emporhebt, schön und fern, als läge er in einer andern Sphäre des Raums und des Lichts, ist ganz durchglüht und er schimmert in durchsichtigem Purpurbrande.« Wenn man dieses Sonnenuntergangspektakel einmal gesehen hat, wird man nur noch so singen: »Wenn bei Ischia die rote Sonne im Meer versinkt…«

Tour: 8 km Spaziergang, Busfahrt

Impressum/Fotonachweis

Fotonachweis

Titel: An der Marina Piccola mit Blick auf die Faraglioni
Vignette S. 1: Bootsfahrt zu den Faraglioni
S. 2/3: Blick vom Monte Solaro auf die Cala Ventroso
S. 4/5: Mit dem Boot rund um die Insel
S. 28/29: La Piazzetta bei Nacht

Raffaele Celentano / laif, Köln Titelbild, Vignette, S. 2/3, 4/5, 6, 10, 20, 28/29, 32, 36, 40, 43, 44/45, 49, 50/51, 53, 55, 61, 63, 68, 70/71, 78, 80, 85, 87, 89, 91
Barbara Schaefer, Berlin S. 7 (2), 8/9, 12, 14/15, 16, 18, 33, 34/35, 42, 59, 64, 67, 74/75, 93

Kartographie: Berndtson & Berndtson Productions GmbH, Fürstenfeldbruck.
© DuMont Reiseverlag.

Alle in diesem Buch enthaltenen Angaben wurden von der Autorin nach bestem Wissen erstellt und von ihr und dem Verlag mit größtmöglicher Sorgfalt überprüft. Gleichwohl sind inhaltliche Fehler nicht vollständig auszuschließen. Ihre Korrekturhinweise und Anregungen greifen wir gern auf.
Unsere Adresse: DuMont Reiseverlag, Postfach 101045, 50450 Köln, www.dumontreise.de, E-Mail: info@dumontreise.de

Die Deutsche Bibliothek – CIP-Einheitsaufnahme:

Schaefer, Barbara
Capri / Barbara Schaefer
- Köln : DuMont, 2002
(DuMont Extra)
ISBN 3-7701-5726-5

Grafisches Konzept: Groschwitz, Hamburg
© 2002 DuMont Reiseverlag, Köln
Alle Rechte vorbehalten
Druck: Rasch, Bramsche
Buchbinderische Verarbeitung: Bramscher Buchbinder Betriebe

ISBN 3-7701-5726-5

Register

Register